No sólo de pan

Reflexiones dia

Michelle Francl-Donnay

Traducido por
Luis Baudry-Simón

LITURGICAL PRESS
Collegeville, Minnesota

www.litpress.org

Nihil Obstat: Sister Renee Domeier, OSB.
Imprimátur: ✝ Most Reverend Donald J. Kettler, J.C.L., Bishop of Saint Cloud, July 19, 2019.

Diseño de portada por Monica Bokinskie. Arte de portada cortesía de Getty Images.

ISBN: 978-0-8146-6459-9   978-0-8146-6467-4 (ebook)

Introducción

Comencé a escribir estas reflexiones en el solsticio de verano, el día en que mi hemisferio terrestre se inunda con tanta luz como puede soportar. Cada día que pasa después del solsticio, soy más consciente de que la luz se escapa, de que los días se vuelven inexorablemente más tenues, y mi anhelo de que la luz regrese se hace más fuerte.

La Cuaresma enciende en mí sentimientos similares. Mi alma se siente atenuada, disminuida. Anhelo la Luz que me encendió en mi bautismo, anhelo ser purificada de nuevo en su crisol y apaciguada en su calor. Así que la Cuaresma me envía en busca de luz: en las Escrituras, en mi oración y en mis hermanas y hermanos. Porque la luz es la forma original en que Dios irrumpió en el mundo. Que exista la luz, dijo. Él ofreció la vida de su Hijo para ser la Luz del género humano. Una luz que brilla en las tinieblas, una luz que las tinieblas no pueden vencer. La luz es lo que anunció la resurrección, un ángel cuya llegada sacudió la tierra, brillando como un relámpago en la oscuridad de un jardín al amanecer.

Rezo en Cuaresma para que la luz de Dios irrumpa en mi vida, para iluminar el camino adelante. Pero la luz de la Cuaresma es más de lo que recibimos. Se trata de quiénes somos y de lo que deberíamos ser. En su poema "Sembrando Luz", Alden Solovy vuelve hacia sí mismo una frase del Salmo 97: *La luz ya asoma para el justo* (versículo 11). La luz es lo que el justo debe sembrar, en la sanación, en la bendición, en el amor, reza Solovy. Esta es la luz que se nos da. Esta es la luz que debemos sembrar. Esta luz, que oiremos en el *Exsultet* de Pascua, no mengua al repartirla.

Esta Cuaresma, anhelemos la luz: la luz sembrada en nosotros, la luz sembrada por nosotros, la luz sembrada para nosotros, por una luz que nos encenderá. Anhelemos ser la luz misma.

REFLEXIONES

Abandonados a la Gracia

Lecturas: Jl 2, 12-18; 2 Cor 5, 20–6, 2; Mt 6, 1-6. 16-18

Escritura:
Recibamos la salvación de Dios y nos volvamos justos y santos. (2 Cor 5, 21b)

Reflexión: La versión en latín de la oración colecta de la Misa de hoy usa la palabra *inchoare*, de la cual obtenemos en español "incoar", sugiriendo el más mínimo indicio de un comienzo, un bosquejo de lo que podría construirse sobre esta base, un plan para los días siguientes.

El comienzo de mi Cuaresma siempre se siente lleno de planes, espirituales y de otro tipo. Tengo planes para la penitencia y el tiempo con Dios; hay planes y ensayos para las liturgias; planes para que mis estudiantes y yo lleguemos al final del semestre. La mayoría de estos planes se harán realidad más o menos como los he calculado. Mis sesenta y tantos estudiantes de química general aprenderán a calcular el pH de una solución ácida. Iré a confesarme más a menudo y dejaré de comer un poco de chocolate en mi almuerzo durante cuarenta días. Habrá un ensayo caótico para el Jueves Santo y una emotiva celebración de la Vigilia Pascual. No hay misterio aquí, sólo mi incursión regular de cuarenta días en la renovación espiritual.

Pero me pregunto si con todos estos planes, por muy razonables que sean, no estoy perdiéndome en absoluto el sentido de lo que la Cuaresma celebra: el misterio que es el camino de Cristo hacia Jerusalén, hacia su pasión, muerte y resurrección, hacia una realidad inimaginable. En una carta a Ascanio Colonna, San Ignacio de Loyola señalaba: "Son muy pocos los que se dan cuenta de lo que Dios haría de ellos si se abandonaran en sus manos y se dejaran formar por su gracia". ¿Puedo dejar de hacer de la Cuaresma una campaña organizada para desterrar el pecado de mi vida y abandonarme por completo a la obra misteriosa de Dios? ¿Puedo simplemente caer en la Cuaresma, insegura de cómo voy a salir, aparte de con los brazos extendidos?

Meditación: ¿Cómo puedes dejar espacio para que Dios trabaje en tu vida en esta Cuaresma? ¿Qué aspectos de tu vida estás dispuesto a abandonar completamente a la gracia de Dios? Tómate unos momentos para orar por la gracia de dejar ir tus deseos para este tiempo y entrar en lo que Dios desea para ti.

Oración: Concédenos, Señor, el valor de abandonarnos totalmente en tus manos en estos días cuaresmales. Danos la alegría de tu Espíritu Santo, y sostennos con tu Palabra.

De Cara a la Cruz

Lecturas: Dt 30, 15-20; Lc 9, 22-25

Escritura:

"Si alguno quiere acompañarme, que no se busque a sí mismo, que tome su cruz de cada día y me siga". (Lc 9, 23b)

Reflexión: Regularmente tomo una cruz. Como monaguilla, a menudo llevo la cruz en procesión. Me paro al final del pasillo principal, sosteniendo una cruz que es una mitad más alta que yo y lo suficientemente pesada como para sentirla en mis hombros mientras la levanto en alto para que pueda ser vista por encima de las cabezas de la asamblea. Y mientras encabezo la procesión por el pasillo, no puedo evitar pensar en las cruces menos literales que tendré que levantar en mi vida. ¿Me harán doler los hombros? ¿Seré capaz de equilibrarlas mientras camino? ¿Adónde debo llevarlas?

Mis ojos se dirigen inevitablemente a la enorme pintura del Cristo crucificado que cuelga sobre el centenario altar de mármol de mi iglesia parroquial. Cada vez que sostengo la cruz en alto, me encuentro cara a cara con el sufrimiento de Cristo, cara a cara con Cristo en el tabernáculo, cara a cara con Cristo en el pueblo de Dios reunido allí. Camino sin un cancionero, así que las únicas palabras que tengo que llevar para este viaje son las que ya están en mi corazón y en mi cabeza. Seguramente vacilaré en el segundo verso. Vestida de blanco, un recordatorio de mi vestimenta bautismal, las manos y la cara levantadas, camino. Camino hacia la misericordia ilimitada. ¿Será así mi último camino, de esta vida a la siguiente, despojada de palabras y pretensiones, cara a cara con Dios y rodeada de los que me han precedido, orando para no desfallecer? Toma tu cruz, dice Cristo, y sígueme, porque este es el camino a la vida eterna, y no te dejaré caer.

Meditación: Llevar una cruz no es sólo soportar el peso, sino tener un destino. ¿Adónde te llevan las cruces que llevas? ¿Hacia dónde caminas?

Oración: Concédenos, Señor, la gracia de tomar las cruces que se nos presentan hoy. Y al final, que una vez más levantemos la cruz y en compañía de los santos y de los ángeles te sigamos a la vida eterna.

La Luz se Abre Paso

Lecturas: Is 58, 1-9a; Mt 9, 14-15

Escritura:
[E]ntonces surgirá tu luz como la aurora
y cicatrizarán de prisa tus heridas. (Is 58, 8)

Reflexión: Tengo un tazón de piedras desgastadas por el agua en mi escritorio, escogidas de arroyos y de playas tan lejanas como Japón y tan cerca de casa como Nueva Jersey. Cuando la luz de la tarde que entra por la ventana del ático entra correctamente, algunos de ellas parecen brillar con una luz interior propia. Como científica, puedo explicar el fenómeno: la luz está siendo reflejada de vuelta, no como un espejo de la superficie, sino suavemente dispersada en todas las direcciones por millones de grietas microscópicas dentro de la roca. Esta luz parece persistir alrededor de las rocas. Quiero acunarlas en mis manos y dejar que su calor se absorba, aliviando los dolores en cuerpo y alma.

En su canción "Anthem", el poeta y compositor Leonard Cohen escribió que las grietas en todas las cosas son la forma en que entra en ellas la luz. Como mis rocas, que no se iluminarían sin la miríada de grietas entre los cristales que permiten que la luz se mueva dentro de ellas, las grietas dentro de nuestros corazones son la forma en que la Luz entra.

Isaías nos anima a no sellar nuestros corazones fracturados o a pulir el exterior demasiado brillante, sino a hacer más grietas, a abrir nuestros corazones, para que la Luz pueda entrar y salir de nuevo. La luz no es sólo para iluminar lo que nos rodea, sino para ser una luz que nos rodea, aliviando los dolores de las cargas del pecado, sosteniéndonos. La luz que Isaías imagina que brota de nuestros corazones contritos es la luz por la cual nos vemos unos a otros, para que podamos desatar las correas de los que están atados injustamente, vestir a los desnudos y alimentar a los hambrientos.

Meditación: ¿Qué defectos estás tentado de "pulir"? ¿Cómo podrían, en cambio, convertirse en espacios para que la luz de Cristo entre y se refleje sobre los necesitados?

Oración: Acepta como sacrificio, oh Señor, nuestros corazones quebrantados y nuestros espíritus aplastados. Que tu luz se derrame desde nuestro interior, para que podamos calentar los corazones de los desesperados y curar las heridas del mundo.

29 de febrero: Sábado después del Miércoles de Ceniza

Cabalgar por las Alturas

Lecturas: Is 58, 9b-14; Lc 5, 27-32

Escritura:
[E]ntonces el Señor será tu delicia.
Te asentaré sobre mis montañas. (Is 58, 14b)

Reflexión: En un día de verano muy caluroso y pegajoso, di un paseo por la tarde a lo largo de una sección de la Vía Apia, donde el camino de dos mil años de antigüedad desciende hasta el suelo del cráter de un volcán inactivo, entrelazado con viñedos y olivares. En el cruce decidí tomar el camino hasta Arricia, encaramada en el borde del viejo cráter. El sendero es empinado, subiendo dieciséis pisos en menos de un cuarto de milla. Tenía calor, tenía sed y no sabía si había tomado el desvío correcto desde el principio. Estaba a punto de renunciar a cualquier oportunidad de tener una vista y volver por donde había venido cuando doblé en una última curva y salí a una calle del siglo XVII detrás de Sancta Maria dell'Assunta. Delante de mí había un cartel muy moderno: "Ascensore, 1 euro". Ascensor, 1 euro. No necesitaba haber caminado en absoluto.

No había opciones cuando Isaías estaba escribiendo. La única manera de llegar a las alturas de la tierra, de vislumbrar la impresionante enormidad del mundo que lo rodea a uno, era caminar hacia ellas, por senderos que eran calientes y polvorientos, o fríos y empinados y soplados por el viento, gruñendo y resoplando. Puede ser difícil imaginar en estos días de tranvías y ascensores exprés lo inaccesibles que eran los lugares altos. Se nos promete algo inimaginable a Isaías: poder ascender a esas alturas con facilidad.

Hoy nos enfrentamos a las alturas de la Cuaresma, senderos que nos exigen mucho y nos prometen aún más. Pero caminamos sabiendo que no son sólo nuestros esfuerzos los que nos llevarán por fin a la cima del monte donde podemos deleitarnos en el Señor, sino que podemos y debemos volvernos hacia Dios y pedirle que nos lleve. Jesús ha venido, no para los santurrones, sino para los que necesitan su ayuda.

Meditación: ¿Qué alturas buscas en este tiempo de Cuaresma? ¿Qué perspectiva necesitas encontrar en tu vida? ¿Dónde te sientes tentado a tratar de caminar por los senderos solo y sin ayuda? ¿Puedes pedirle al Señor que te lleve a las alturas para que puedas ver la vista?

Oración: Señor, renueva nuestros corazones en esta Cuaresma. Danos el valor de pedirte ayuda para caminar una vez más en tu camino, porque no podemos hacer nada sin tu cuidado.

1 de marzo: Primer Domingo de Cuaresma

¿Quién Eres?

Lecturas: Gen 2, 7-9; 3, 1-7; Rom 5, 12-19 o 5, 12. 17-19; Mt 4, 1-11

Escritura:
Luego lo llevó el diablo a un monte muy alto y desde ahí le hizo ver la grandeza de todos los reinos del mundo. (Mt 4, 8)

Reflexión: Soy usuaria habitual de la plataforma de medios sociales Twitter. Es una gran manera de mantenerme al día, no con los chismes de las celebridades, sino con el trabajo que los químicos de todo el mundo están haciendo. Entonces, ¿por qué Twitter me estaba sirviendo un tweet sobre el perfil de una revista de un chico de diecinueve años a punto de ser multimillonario? El titular decía: "¿Qué estás haciendo con tu vida?".

Admito libremente que no leí el artículo, así que no tengo idea de lo que el joven está haciendo con su vida, pero sí leí algunos de los doce mil comentarios en el tweet. Mucha gente tomó la pregunta literalmente y le dijo al *twitterverso* lo que estaban haciendo con sus vidas. Las respuestas no tenían precio:

"Trabajé en educación infantil".

"Estoy investigando nuevos medicamentos para el cáncer".

"Crie a mi hijo como madre soltera".

"Soy madre y cirujana de trauma",

"Soy un sacerdote".

La primera lectura del Génesis me hizo pensar de nuevo en la letanía de vidas y obras que siguieron a ese tweet. Al comenzar la Cuaresma, me pregunto cómo podría responder a esta pregunta dentro de cinco semanas. ¿En qué se convertirá la Cuaresma? ¿Qué haré diferente con mi vida? Tal vez las respuestas comiencen con quién Dios me creó para que fuera cuando me insufló la vida. Santa Catalina de Siena escribió una vez a un joven amigo que discernía el curso de su vida que si él era quien había sido creado para ser, podría encender al mundo entero. Oigo en el salmo los deseos que Dios tiene para mí. De un corazón firme. De alegría. De amor. ¿Y los frutos de éstos? La vida eterna.

Meditación: El *Catecismo de la Iglesia Católica* (358) nos dice que somos creados para amar y servir a Dios y ofrecerle toda la creación. ¿Cómo estás amando y sirviendo a Dios? ¿Cómo estás trabajando dentro del mundo creado para devolverlo a Dios? ¿Qué harás diferente con tu vida esta Cuaresma?

Oración: Renueva en nosotros, Señor, un espíritu firme. Devuélvenos la alegría que tuvimos en nuestro bautismo, y concédenos el valor de volver a vivir como tú deseas.

2 de marzo: Lunes de la Primera Semana de Cuaresma

Amor sin Límite

Lecturas: Lev 19, 1-2. 11-18; Mt 25, 31-46

Escritura:
"¿Cuándo te vimos de forastero y te hospedamos, o desnudo y te vestimos?" (Mt 25, 38)

Reflexión: Mi hijo menor estaba caminando por el campus de su universidad cuando se encontró con un grupo repartiendo folletos. "¿Estás salvado?", le preguntaron. Cuando rechazó un panfleto, le dijeron: "Vas a ir al infierno". Me llamó esa noche para contarme la historia. "Tú eres la teóloga", dijo, "¿qué debería haber dicho?".

"Mateo 25", le dije. El evangelio de hoy. ¿Quién se salvará? Los que alimentan al hambriento y ofrecen agua al sediento. Que no pasan por alto al mendigo ni dejan de cuidar a los enfermos. Noto que Cristo no pone ningún otro límite a la salvación aquí; no hay prueba de dogma, no hay exigencias de tipos particulares de culto. Cuidar al extraño. Yo también observo que Cristo no pone límites a quién debemos servir. No se nos pide que visitemos a los que están encarcelados injustamente, sino a todos los encarcelados, que alimentemos sólo a los que tienen hambre por causas ajenas a su voluntad, sino a todos los que tienen hambre, que acojamos sólo a los que tienen sus papeles en orden, sino a cualquier forastero en nuestra tierra.

Se nos pide que amemos sin límites, para que podamos comprender que el amor de Dios por nosotros es ilimitado. Esto es lo que nos salva. No profesar un credo o incluso ir a misa el domingo. En su ensayo "El peso de la gloria", C. S. Lewis nos recuerda que, junto a la Eucaristía misma, nuestro prójimo es lo más sagrado que encontramos; no hay gente ordinaria, cada persona está ardiendo con Dios. Entonces, ¿dónde encontramos el poder salvador de Dios? A cada paso. ¿Cómo seremos salvados? Por el amor y amando.

Meditación: ¿Dónde encuentras dificultad en amar sin límites? ¿Es con los colegas y amigos, o es más difícil con aquellos cuyas vidas no conoces? Comprométete a salir de tus límites una vez hoy y hacer un acto de amor inmerecido por alguien.

Oración: Tu mandamiento, oh Señor, es claro, tus mandatos son justos. Abre mi corazón para que pueda amar como tú amas, sin límites.

3 de marzo: Martes de la Primera Semana de Cuaresma

Lazos rotos

Lecturas: Is 55, 10-11; Mt 6, 7-15

Escritura:
"[Y] no vuelven allá, sino después de empapar la tierra,
de fecundarla y hacerla germinar, . . .
así será la palabra que sale de mi boca." (Is 55, 10a. 11a)

Reflexión: Me encanta mirar mi patio trasero cuando está cubierto por un manto de nieve, en parte porque, a diferencia de mi entrada, no tendré que palearlo. Pero también hay una sensación de expectativa, ya que veo en el ojo de mi mente los narcisos y las gotas de nieve metidas en sus camas de invierno, esperando la primavera. La nieve se derrite gradualmente, ablandando el suelo que alberga los bulbos, para que sus brotes puedan pasar más fácilmente a través del calor de los días que se alargan. Pero la nieve hace más que romper el suelo y regar las plantas; también alimenta esos tiernos brotes. El nitrógeno en el aire es arrastrado a la nieve. Inerte en esta forma, una vez que las bacterias rompen los enlaces del nitrógeno éste puede fertilizar el suelo bajo la cubierta de nieve.

Isaías nos recuerda que las palabras de Dios son más que un simple intercambio entre el Creador y su creación, más que algo para saciar nuestra sed de lo divino. Dios envía su Palabra con la expectativa de que un jardín brotará. Estas palabras ablandan nuestros corazones, liberándolos de la tierra rocosa que les impide brotar a la vida. Nos alimentan, permitiéndonos hacer la obra que Dios espera de nosotros, obra que acercará el reino, poniéndolo al alcance de la mano. Y como el nitrógeno transportado por la nieve, no podemos hacer este trabajo si no nos dejamos romper, nuestros corazones destrozados, con lo que bloquea nuestros oídos destruidos. Debemos orar para que lo que cae del cielo sobre nosotros regrese a Dios, dando el fruto que nuestros corazones rotos alimentaron.

Meditación: ¿En qué parte de tu vida la Palabra de Dios ha ablandado tu corazón? ¿Dónde te alimentó? ¿Dónde te ha provocado a emprender algo nuevo? ¿Cuáles fueron los frutos de esta labor? ¿Qué es lo que en tu corazón sientes que la Palabra de Dios se está abriendo hoy?

Oración: Abre nuestros corazones, oh Dios, para que demos buen fruto. Concédenos que lo que te devolvamos haya logrado lo que has querido para nosotros.

4 de marzo: *Miércoles de la Primera Semana de Cuaresma*

Sentado entre las Cenizas

Lecturas: Jon 3, 1-10; Lc 11, 29-32

Escritura:
. . . [O]rdenaron un ayuno y se vistieron de sayal, grandes y pequeños. (Jon 3, 5b)

Reflexión: El rey de Nínive se levantó de su trono, se nos dice, y se sentó en las cenizas. Después de que un incendio destruyera mi cocina, yo también me senté en cenizas y hollín. Rápidamente descubrí que llegan a todas partes y no se lavan fácilmente. Dejaba manchas en todo lo que tocaba después del incendio, en las paredes, en la ropa y en mi cara. La tetera de mi abuela fue una de las pocas cosas en la cocina que sobrevivió intacta a la conflagración, pero treinta años después, un lado todavía está manchado de cenizas que no pude limpiar por completo.

A veces digo que me pondré "saco y ceniza" para responsabilizarme de un error, pero me pregunto si aún ahora entiendo lo que podría significar llevar deliberadamente mis pecados sobre mi cuerpo de esta manera, visible para todos y casi imposible de limpiar. ¿Me doy cuenta de que la mayoría de la gente se alejaría de mí para evitar que el hollín —o mi pecado— se les pegara?

Todavía me resulta difícil comprender cuán dispuesto está Dios a acercarse a nosotros cuando estamos quebrantados y contritos en el espíritu. Tal vez se necesite sentarse en cenizas, literal o metafóricamente, para vislumbrar la inmensidad de la misericordia que el salmista pide en el Salmo 51, para ser limpiados del pecado que se aferra como el hollín y amenaza con extenderse a todo lo que tocamos. Reparar de nuevo lo que nosotros mismos no podemos reparar. Dios no busca a los perfectos y a los que brillan, sino que desea perfeccionar a aquellos cuyos corazones están contritos y cuyos espíritus son humildes. Dios no dudará en llegar hasta nosotros, a pesar de las cenizas o pecados.

Meditación: Como el hollín, el pecado deja sus huellas en nuestras vidas, incluso cuando la brecha original se termina. ¿Dónde necesitas más la ayuda de Dios para limpiar el residuo de una transgresión?

Oración: Dios misericordioso, tu pueblo anhela manos y corazones limpios de pecado. Acepta nuestros corazones contritos y nuestros espíritus humildes, y llévanos a la perfección.

5 de marzo: Jueves de la Primera Semana de Cuaresma

Esculpidos de Nuevo

Lecturas: Est 12, 14-16. 23-25; Mt 7, 7-12

Escritura:
[S]iempre que te invocamos nos oíste
y nos llenaste de valor. (Sal 138, 3)

Reflexión: Dame valor, rezó Ester en su angustia. Fortalece mi ánimo, grita el salmista. La noche que murió mi primer marido, busqué refugio en los salmos. Sin saber por qué más rezar en esas horas oscuras, recé pidiendo valor, recé pidiendo fortaleza, recé para que Dios no nos abandonara a mí o a Tom.

Semanas más tarde, destrozada por el dolor, cargada por los detalles de la muerte, los títulos de los automóviles y la corte testamentaria, volví una y otra vez a esta imagen de Dios construyendo fuerza dentro de mí, de Dios de alguna manera reparando el daño hecho. Recordé la historia de la talla del David de Miguel Ángel. El bloque de mármol utilizado por Miguel Ángel tenía una enorme herida por el intento de escultura de un escultor anterior; no estaba claro si se podía hacer algo con él.

Miguel Ángel, sin embargo, pudo ver las posibilidades dentro de este bloque de mármol, por arriesgadas que fueran. Esculpió a David en un ángulo dentro del bloque, usando la gubia para fijar la postura de David, en lugar de tratar de rellenarlo, e inseguro de que pudiera sostenerse por sí solo al final. Así que, también, me di cuenta de que Dios podía ver las posibilidades en mí. No repararía la gran herida que la muerte de Tom había hecho en mi vida, sino que trabajaría con ella, tallando cuidadosamente en ángulos extraños hasta que se arriesgó a ponerme de pie de nuevo. No sería la misma que antes, pero si podía tener paciencia con el Escultor, al final podría ponerme de pie.

En esta Cuaresma oro por el coraje que tuvo Ester, por la voluntad de estar torcida, para dejar que Dios reformule mi vida alrededor de las heridas que el pecado ha dejado. Para soportar al Escultor mientras hace de mí una nueva creación.

Meditación: Aunque anhelamos borrar el pecado y su efecto de nuestras vidas, no siempre podemos deshacer sus efectos. ¿Dónde ha obrado Dios alrededor de los boquetes del pecado en tu vida para recrearte? ¿Dónde necesitas más a Dios para reformar tu vida en esta Cuaresma?

Oración: Construye tu fuerza dentro de nosotros, oh Dios. No abandones el trabajo de tus manos, sino que rediseña nuestras vidas para que podamos volver a estar erguidos en tu presencia.

6 de marzo: Viernes de la Primera Semana de Cuaresma

Llegar a las Profundidades

Lecturas: Ez 18, 21-28; Mt 5, 20-26

Escritura:
Desde el abismo clamo a ti; Señor.
Señor, escucha mi clamor. (Sal 129, 1-2a)

Reflexión: Una vez pasé una semana en una ermita al borde de un acantilado en California. La vista hacia el mar y hacia la bahía a 1.700 pies (unos 520 metros) de profundidad era increíble. Pero cada mañana la bahía se llenaba de niebla. Me paraba en el pequeño jardín y miraba hacia un abismo que parecía sin fondo, y las primeras líneas del Salmo 130 corrían por mi mente: "Desde el abismo clamo a ti, Señor . . . escucha mi voz".

Todas las mañanas caminaba por el camino, más profundamente en la húmeda oscuridad. Sin embargo, cuando regresaba por el camino, la luz de arriba pasaba, difundiéndose a través de la niebla hasta que el mismo aire brillaba. Fue un poderoso recordatorio de volver atrás cuando me encuentro en las profundidades y alcanzar a Dios. Aprender a orientarme dentro de las grandes profundidades, donde no puedo ver el camino a seguir ni estar segura de que he encontrado un terreno sólido en el que pararme. Vuelve hacia mí, dice Dios, y yo alcanzaré las profundidades de tu pecado

y te sacaré. Confía en mí, porque seguramente como el amanecer llega todos los días, yo te redimiré.

Dios está en más que una misión de rescate aquí, también
está dándonos ejemplo en el evangelio de cómo debemos
actuar los unos con los otros. Debemos escuchar el clamor
de los demás por la misericordia y la justicia. No debemos
tener miedo de llegar a aquellos a los que hemos ofendido
y a aquellos por los que hemos sido ofendidos, y confiar en
que hay misericordia en abundancia, suficiente para todos
nosotros. Debemos esforzarnos por salir unos de otros de
las profundidades.

Meditación: ¿Dónde oyes gritos de misericordia que emer-
gen de las profundidades? ¿En tu propia vida o en la de los
demás? ¿A quién puedes llegar hoy para perdonar, o para
buscar el perdón?

Oración: El amanecer puede parecer lejano, oh Señor, y lu-
chamos por ver tu luz en el horizonte. Arráncanos de las profundidades y de las tinieblas a tu misericordia. Danos la fuerza
para llegar a nuestros hermanos y hermanas necesitados.

Lecturas del día

Lecturas: Dt 26, 16-19; Mt 5, 43-48

Escritura:
Hoy has oído al Señor declarar que él será tu Dios, pero sólo si tú caminas por sus sendas. (Dt 26, 17a)

Reflexión: Después de una serie de proyectos de escritura, mi estudio en casa era un desastre. Durante semanas había estado diciendo que lo limpiaría el fin de semana. Pero llegaba el fin de semana y surgía algo aparentemente más urgente, y las pilas en el escritorio, el suelo y las estanterías crecían, cada vez más rebeldes. El momento nunca parecía adecuado y la tarea parecía francamente imposible. Además, me había acostumbrado al desorden.

Escucho en las lecturas de hoy un llamado a moverme, a salir de mi zona de confort. No en un futuro vago, sino ahora, hoy. Hoy, dice Dios, ustedes son mi pueblo. Hoy, dice Moisés, caminarán en el camino de Dios. Hoy amarán a los que los odian, orarán por los que los persiguen.

Yo quiero decir: "espera, todavía no, no estoy preparado para asumir un proyecto tan enorme". La Cuaresma recién empieza, así que hay tiempo. La primera lectura me empuja a reconocer que ahora es el tiempo aceptable, que hoy es el día en que debo comprometerme a caminar en el camino del Señor. Hoy es el momento de alejarme de los pecados con los que me he sentido demasiado cómoda. Y si bien es tentador pensar que caminar en el camino de la perfección es una tarea imposible, una tarea que, aunque comenzara nunca podría llevar a cabo, encuentro consuelo en las lecturas. Este llamado, dice Jesús, no es a la perfección instantánea sino a moverse, a caminar con un propósito en la dirección de Dios. Para dar no sólo un paso, sino un segundo y un tercero.

Meditación: ¿Qué te parece insuperablemente difícil llevar a cabo en esta Cuaresma? ¿Hay hábitos establecidos que deseas cambiar o conflictos de larga vida que deseas resolver por fin? Pregúntale a Dios qué paso pequeño y manejable puedes dar hoy para avanzar en esa dirección. ¿Cuáles son los pasitos siguientes?

Oración: Dios, nos has dado la ley y los profetas para que sepamos cómo andar en tus caminos. No nos abandones, sino ayúdanos en el camino de la perfección.

Una Atención Tierna

Lecturas: Gen 12, 1-4a; 2 Tim 1, 8b-10; Mt 17, 1-9

Escritura:
Jesús se acercó a ellos, los tocó y les dijo: "Levántense y no teman". (Mt 17, 7)

Reflexión: Cuando escucho estas historias familiares de nuestra salvación, de la fundación de Israel con Abram, de la transfiguración, a veces quiero hacer como lo hicieron Pedro, Santiago y Juan y arrojarme boca abajo en el suelo y cubrir mis ojos. No me sorprende tanto la inmensidad de las promesas hechas a un hombre de setenta y cinco años sin hijos, ni la voz que viene de la nube —por más abrumadora que sea—, sino la ternura de Dios en estos encuentros.

La fuerza y el poder de Dios no puede evitar sacudirnos hasta nuestros cimientos. Sin embargo, en ambos encuentros no busca intimidar, sino ofrecer bondad y compasión en medio de experiencias abrumadoras. Dios bendice a Abram una y otra vez, tanto es así, asegura a Abram, que estas bendiciones se extenderán a todas las comunidades de la tierra. Jesús se acerca a los apóstoles desparramados y temblorosos en el suelo y los toca, tranquilizándolos. Ponemos nuestra confianza no en un Dios que nos aterroriza, sino en un Dios cuya bondad y misericordia están siempre presentes.

En sus *Revelaciones*, Santa Juliana de Norwich llama a Dios nuestro vestido, que nos envuelve en un amor tierno. Dios, dice ella, nunca prometió que no estaríamos tentados y asustados. Prometió que nunca nos dejaría ir.

También nosotros estamos llamados a una tierna atención los unos a los otros en tiempos difíciles. Estamos llamados a darnos cuenta de que somos bendecidos como lo fue Abram, para que las bendiciones de Dios continúen desbordándose, para que podamos ser bendiciones para todo el mundo. Estamos llamados a hacer lo que Cristo hizo en la cima de la montaña y a llegar a nuestras hermanas y hermanos que viven con miedo y temblor, a no dejarlos ir nunca.

Meditación: ¿Cuándo ha llegado Dios a ti con una tierna atención? ¿Cómo ves las maneras en que Dios te ha bendecido derramándose y llegando a la comunidad en la que vives?

Oración: Señor, sé tierno con nosotros, envolviéndonos en tu amor. Ayúdanos a ser tiernos unos con otros, llegando a aquellos que viven con miedo y llevando tus bendiciones hasta los confines de la tierra.

Misericordiando

Lecturas: Dan 9, 4b-10; Lc 6, 36-38

Escritura:
"Sean misericordiosos, como su Padre es misericordioso".
(Lc 6, 36)

Reflexión: El lema del Papa Francisco es *Miserando atque eligendo*. Su traducción literal, como "teniendo misericordia", suena incómoda e inacabada. Para captar el sentido que él deseaba, el Papa acuñó una nueva palabra: "misericordiando". La misericordia, sugiere el Papa, no es un objeto que dar, sino una acción a emprender. Piensa en ella como un verbo, no como un sustantivo.

En inglés, la palabra *mercy* (misericordia) antiguamente era también un verbo. Significaba estar agradecido, no en general sino por dones particulares; significaba despertar el deseo de ser misericordioso con los demás. Me pregunto si el Papa Francisco está tratando de recuperar para nosotros este sentido de gratitud y misericordia que se derrama. Nos recuerda que la misericordia de Dios no se reparte con cuentagotas entre los merecedores. Tampoco debe ser acaparada para los casos más desesperados; la misericordia es una fuente interminable de perdón y gracia para todos aquellos que tienen sed de ella.

Recuerdo una de las historias que se cuentan sobre el padre del desierto Abba Bessarion, un santo y asceta del siglo VI. Caminaba por la orilla del mar con uno de sus alumnos, que se quejaba de tener sed. "Bebe un poco de agua de mar", le dijo Bessarion. Para sorpresa del estudiante, el agua que recogió era dulce. Bebió a su saciedad e inmediatamente comenzó a llenar su cantimplora en caso de que más tarde se sintiera sediento. "¿Por qué?", se preguntó Bessarion. "No hay necesidad. Dios está aquí, Dios está en todas partes".

Sean misericordiosos, dice el evangelio. Sean agradecidos por el don de la misericordia recibida, y a cambio sean ustedes misericordiosos: estén "misericordiando". Porque la misericordia está disponible para beber, en todas partes y en todo momento.

Meditación: ¿Dónde tienes sed de misericordia? ¿Confías en que Dios es misericordioso? ¿Hay momentos en los que te has preocupado de que la misericordia de Dios sea limitada? ¿Cómo has compartido la ilimitada misericordia de Dios con los demás?

Oración: Dios de misericordia y compasión, tenemos sed de perdón. Que tu misericordia sea con nosotros, para que seamos signos de tu poder salvador para todo el mundo.

10 de marzo: Martes de la Segunda Semana de Cuaresma

Agarrados por Dios

Lecturas: Is 1, 10. 16-20; Mt 23, 1-12

Escritura:
Vengan, pues, y discutamos,
dice el Señor. (Is 1, 18a)

Reflexión: ¿Por qué, se pregunta Dios en el salmo de hoy (49), rechazamos la disciplina y decimos que conocemos y deseamos guardar la ley de Dios? La palabra "disciplina" nos recuerda castigos severos impuestos por autoridades rígidas, así que es comprensible que sea algo de lo que nos rehuimos, pero en su sentido original en latín, disciplinar significa simplemente enseñar. Aunque los orígenes de la palabra latina se pierden en la historia, los eruditos especulan que viene de *capere*, agarrar, captar una idea o un método.

Mis estudiantes pueden ser resistentes a algunos de mis enfoques idiosincrásicos de la enseñanza. En particular, desdeñan dibujar figuras a mano cuando se las pido. ¿Por qué, lloran, cuando la computadora puede hacerlo en un abrir y cerrar de ojos y mucho más precisamente? Pero quiero que luchen con la ecuación, no sólo con el ojo de su mente, sino que la agarren con sus manos, que sientan sus picos y valles, que conozcan el espacio que ocupa. Estoy menos interesado en una representación perfecta que en las relaciones: ¿Captan cómo esta ecuación expresa lo que podemos observar en el mundo real?

Jesús está pidiendo a los discípulos que sean disciplinados en sus vidas, que hagan algo más que recitar las reglas, sino que trabajen para vivirlas humildemente en el desorden del mundo. Quiere que comprendan visceralmente los altibajos de la vida cristiana, que la tomen en sus manos, que la agarren. Él se hace eco de Isaías: esta es una invitación a trabajar con Dios, a arreglar las cosas no por nuestra cuenta, sino en compañía de Dios. Dejar que Dios se apodere de ellas, capturar sus corazones, así como sus mentes.

Meditación: ¿Dónde te apoyas para seguir "las reglas" en lugar de llegar a un entendimiento más profundo de cómo Cristo está sugiriendo que debes vivir? ¿En qué situaciones encuentras más difícil ver lo que Dios desea? ¿Puedes pedirle a Dios que te ayude a poner las cosas en tu corazón y en tu mente?

Oración: Agarra, Señor, nuestros corazones y nuestras mentes, y ayúdanos a enderezar las cosas. Extiende tu mano hacia nosotros, y muéstranos tu poder salvador.

11 de marzo: Miércoles de la Segunda Semana de Cuaresma

Dios Siempre y en Todo

Lecturas: Jer 18, 18-20; Mt 20, 17-28

Escritura:
El que quiera ser grande entre ustedes, . . . el que quiera ser primero, . . . sea su esclavo. (Mt 20, 26)

Reflexión: Un vecino me detuvo en la tienda de comestibles, diciendo: "¡Felicidades!". Cuando me quedé perpleja, ella me dijo: "Oí que te nombraron jefe de departamento, qué honor". "Oh, no es lo que piensas", dije. "Es menos estar a cargo, y más estar al servicio: Voy a las reuniones y escribo notas para que mis colegas no tengan que hacerlo".

Escucho a Jesús en el evangelio de Mateo preguntando a Santiago y a Juan —los hijos de Zebedeo— dónde desean estar. No está ofreciendo asientos de honor, sino la oportunidad de ser servidores, de dar sus propias vidas para salvar las vidas de otros. Él quiere que ellos cambien su perspectiva de sí mismos a otros, de sí mismos a Dios.

Me recuerda lo que San Vicente Pallotti, que como yo era profesor universitario, escribió una vez en su diario:

No los bienes del mundo, sino Dios.
No las riquezas, sino Dios.
No los honores, sino Dios.
No la distinción, sino Dios.

No las dignidades, sino Dios.
No las promociones, sino Dios.
Dios siempre y en todo.

Tengo la letanía de los deseos de San Vicente en mi escritorio, para ayudarme a encontrar mi perspectiva en medio de las muchas exigencias de mi jornada y para recordarme qué es lo que debo anhelar: Dios siempre y en todo.

Meditación: ¿Qué tentaciones tuyas podrías añadir a la letanía de San Vicente? ¿Qué te impide desear a Dios siempre y en todo?

Oración: Ayúdanos a mantener nuestros ojos fijos en ti, oh Señor. Que no deseemos riquezas ni luchemos por honores, sino que te busquemos en todas las cosas y en todos los tiempos.

12 de marzo: Jueves de la Segunda Semana de Cuaresma

Una Parábola en Tiempo Real

Lecturas: Jer 17, 5-10; Lc 16, 19-31

Escritura:
Y un mendigo, llamado Lázaro, yacía a la entrada de su casa, cubierto de llagas y ansiando llenarse con las sobras que caían de la mesa del rico. (Lc 16, 20-21a)

Reflexión: Era una mañana muy fría en Washington, D.C. Un hombre con un abrigo de lona verde se acurrucó contra una cerca de la esquina de las calles Capital y E, con las manos metidas en los bolsillos. Un hombre con un abrigo de lana negra vino caminando por la calle, con un maletín en una mano y un bagel en la otra. Al llegar a la esquina, arrojó alegremente su bagel medio comido a un cubo de basura cercano y cruzó la calle sin perder un solo paso. Mientras el bagel navegaba por el aire, el primer hombre se puso de pie, dio dos pasos rápidos hacia el cubo de basura, metió la mano, sacó el bagel y lo mordió. El semáforo pasó a verde y el taxi en el que yo estaba sentado arrancó.

Casi una década más tarde todavía puedo sentir cómo todo el aire fue succionado de mis pulmones mientras veía la parábola de Lázaro y el rico y sus restos no comidos desarrollándose ante mis ojos. Todavía puedo oír las preguntas girando en mi cabeza. ¿Cuánta hambre hay que tener para sacar un trozo de pan a medio comer de la basura de la calle?

¿Tiene idea el hombre que tiró el bagel de lo hambriento que estaba el hombre que acababa de pasar? Pero la pregunta sobre la que me he preguntado todos estos años es qué debería haber hecho *yo*. ¿Debería haber parado el taxi en el que estaba, haberme bajado y haberle dado al hombre todo el dinero que tenía en mi bolso? ¿Entregar mis guantes calientes y mi bufanda? ¿Debería haberlo llevado a desayunar?

Estoy segura de que la respuesta a todas las últimas preguntas es sí. Y no hice nada de eso, a pesar de haber oído esta parábola de alguien que ha resucitado de entre los muertos. Perdóname, te lo ruego. Una y otra vez.

Meditación: ¿Dónde has visto esta parábola en tu vida? ¿Qué es lo que, sin pensar, descartas y que alguien más necesita desesperadamente? ¿Cómo puedes ayudar a que sus necesidades sean atendidas con dignidad?

Oración: Perdónanos, oh Señor, nuestra incapacidad de ver a los necesitados que nos rodean. Ayúdanos a cuidarnos unos a otros con ternura y dignidad.

Audacia Sagrada

Lecturas: Gen 37, 3-4. 12-13a. 17b-28a; Mt 21, 33-43. 45-46

Escritura:
La piedra que desecharon los constructores,
es ahora la piedra angular. (Mt 21, 42b)

Reflexión: Los hermanos de José odiaban sus sueños, odiaban la idea de que el menor de ellos pudiera algún día gobernarlos; odiaban sus sueños tanto que conspiraron para matarlo. Pero, aun así, José se atrevió a soñar. Se atrevió a pensar que se trataba de sueños sagrados, para que el Señor pudiera tener algún trabajo que él haga.

¿Qué pasaría si nos atreviéramos a soñar con Dios? ¿Qué podemos construir que sea maravilloso de contemplar? Me pregunto con qué frecuencia hago caso omiso de los mensajeros de Dios —ya sea que vengan en sueños o me encuentren en el pasillo de la tienda de comestibles— burlándome de mí misma por pensar que Dios vendría a mí de esta manera. O peor aún, descartando el mensajero o el mensaje por extravagante.

La capilla al lado de mi oficina tiene una reliquia de Santa Teresa de Lisieux en el pequeño altar. Santa Teresita también se atrevió a soñar, a soñar que podía llegar a ser una hermana carmelita, proclamando audazmente en la oración que la misericordia de Dios era infinita y que cada paso en su "caminito" importaba, que cada persona importaba.

El teólogo Karl Rahner, SJ, escribió en una reflexión, "Dios de mi rutina diaria", que el camino hacia Dios debe llevarnos a través del medio de nuestras vidas ordinarias. Así que mis sueños con Dios son pequeños, de pequeños pasos en el camino, como los de Santa Teresita. No sueño con grandes visiones espirituales, sino con el tiempo para flotar silenciosamente con Dios. No sueño con cambiar el mundo, sino con cambiar mi rincón lo suficiente como para que los pequeños en el refugio tengan sus propias camas para dormir. Aun así, soñar que Dios está obrando en mi vida es un sueño audaz.

Meditación: ¿Qué cosa pequeña y completamente extravagante te está pidiendo Dios hoy? ¿Dejar que alguien con el carro lleno se te adelante en la fila de la tienda de comestibles? Escucha su voz saliendo de la oscuridad y atrévete a dar un paso en el camino.

Oración: Dios, concédeme que pueda oír tu voz incluso en mis sueños. Dame el valor de caminar audazmente en tus caminos, de dar los pasos, grandes y pequeños, que me acercan cada vez más tu reino.

Canales de la Misericordia

Lecturas: Mi 7, 14-15. 18-20; Lc 15, 1-3. 11-32

Escritura:
¿Qué Dios hay como tú, . . . ?
No mantendrás por siempre tu cólera,
pues te complaces en ser misericordioso. (Mi 7, 18)

Reflexión: Cuando entré por la puerta de la cocina de la casa de retiros, un anciano jesuita estaba rebuscando en un cajón, con un tazón y una bolsa de cereales en el mostrador frente a él. Estancado en su búsqueda de tijeras, agarró la bolsa y tiró de ella. La bolsa explotó rápidamente, haciendo llover los cereales.

Mientras lo ayudaba a limpiar el desorden, me dijo que durante su noviciado se le enseñó que cuando faltaba un artículo común, que considerara que quien lo tuviera debía tener una necesidad mayor que la suya propia. Admitió que lo decía más a menudo con sarcasmo que con misericordia. He pensado en ese consejo casual más veces de las que puedo contar a lo largo de los años. Aun así, cuando me enfrento a un artículo de cocina que falta, con demasiada frecuencia empiezo a refunfuñar como el hermano mayor en la parábola del hijo pródigo. Después de todo, hice lo correcto y lo guardé, ¡así que merezco poder encontrarlo ahora!

Tanto el jesuita como yo tenemos razón: hemos hecho lo correcto; simplemente hemos malinterpretado cuál debería ser nuestra motivación. ¿Estamos haciendo lo correcto porque esperamos lo correcto a cambio? ¿O hacemos lo correcto para que los más necesitados puedan encontrar un cuchillo de cocina o unas tijeras, o el perdón? Los actos de misericordia no son un intercambio de favores, una transacción a regañadientes. Son pozas inesperadas en el desierto, llenas de lo que se ha desbordado de las manos de Dios, y corren a través de las nuestras. Hemos sido creados para ser canales de misericordia, no los "vigilantes del marcador de puntos".

Meditación: ¿Hay momentos en los que has ofrecido misericordia a regañadientes o la has retenido porque no te la habían ofrecido? ¿Puedes verte no como la fuente de la misericordia sino como su conducto?

Oración: Tú, Señor, eres la fuente de toda misericordia. Ayúdanos a ser cada vez más canales abiertos de tu gracia y perdón para nuestros hermanos y hermanas.

15 de marzo: Tercer Domingo de Cuaresma

Somos Agua Viva

Lecturas: Ex 17, 3-7; Rom 5, 1-2. 5-8; Jn 4, 5-42 o 4, 5-15. 19b-26. 39a. 40-42

Escritura:
Jesús le dijo: "Dame de beber". (Jn 4, 7b)

Reflexión: Tengo sed. Tengo sed del Dios vivo. Como los samaritanos que piden que Jesús se quede con ellos un tiempo, yo anhelo el agua viva, que mi sed sea saciada para siempre del inagotable manantial de Dios. ¿Y quién no?

Pero este evangelio se abre con *Jesús* sediento. No sólo de agua, sino de nosotros. Dios está buscando creyentes. Jesús le dice a la mujer que Dios está buscando a aquellos que "le adorarán en Espíritu y en verdad". Podemos anhelar a Dios, pero Dios nos anheló primero. Si tan sólo pudiera comprender esta realidad. Como todos nosotros, tengo defectos. Como la mujer del pozo, Dios sabe la verdad sobre mí, lo admita o no. Y así, como la mujer, me sorprende que Jesús me buscara, que tuviera sed de todo lo que yo pudiera ofrecer.

Al reflexionar sobre este Evangelio, San Agustín sugirió que el agua que Jesús buscaba era la fe de la mujer. Cuando él bebió de esa fe, ella fue llevada a su Cuerpo, a la iglesia. ¿Qué busca Cristo en mí? Una fe viva, una fe totalmente subsumida en su vida, una fe que se desborda en mi comunidad. Una fe que trae consigo dones para ser usados para el bien del Cuerpo de Cristo, para la iglesia. Me asombra que Dios, el Dios todopoderoso, tenga sed de los talentos que tenemos, grandes y pequeños.

El agua viva no está estancada, sino que fluye, y lo que yo soy fluye en estas aguas inagotables, para ser llevada a la vida en sus corrientes, a lugares que no puedo imaginar, satisfaciendo la sed del Cuerpo de Cristo con los dones que él me ha dado.

Meditación: ¿De cuál de tus dones crees que la iglesia está sedienta? ¿Hay algo que impida tu capacidad de permitir que Cristo los ponga al servicio de su Cuerpo? Considera pedirle a Dios la gracia de convertirte en agua viva.

Oración: Ilumina nuestras mentes, oh Dios, para que conozcamos nuestras fortalezas y nuestras debilidades. Ayúdanos a sacar agua viva del inagotable pozo de Cristo, para que podamos usar nuestros dones para saciar la sed de nuestros hermanos y hermanas.

Captar el Mensaje

Lecturas: 2 Re 5, 1-15b; Lc 4, 24-30

Escritura:
Envíame, Señor, tu luz y tu verdad;
que ellas se conviertan en mi guía
y hasta tu monte santo me conduzcan,
allí donde tú habitas. (Sal 42, 3)

Reflexión: Cuando me visto con mis mejores galas para ir a misa un domingo, espero (y normalmente recibo) una homilía que me aclare la Palabra proclamada. Pero la historia de Naamán me recuerda que la predicación no se limita a lo esperado, a la gente y a los lugares donde la buscamos rutinariamente. En cambio, la Palabra de Dios está suelta, predicando en las esquinas de las calles y se encuentra en las bocas de aquellos a quienes no vemos como profeta o sacerdote. Sin embargo, en virtud de nuestro bautismo, todos somos sacerdotes y profetas, todos somos la Palabra de Dios desatada en el mundo.

Necesitamos buscar la luz, tener oído para la verdad, ya sea que la diga un sacerdote, revestido en un domingo en una iglesia brillante, o el tipo de la casa de acogida que me tocaba melodías de jazz mientras yo solo cocinaba una cena para cuarenta personas. "Tengo un mensaje del Espíritu Santo para ti", dijo, y subió la música. Malcolm Muggeridge, un periodista y apologista cristiano del siglo XX, señaló que todo lo que nos sucede es una parábola en la que Dios nos habla. El arte de la vida, dijo, es captar el mensaje.

"¿Cuándo iré a contemplar el rostro del Señor?", se pregunta el salmo del día. Hoy. Y mañana, y al día siguiente. Sospecho que este es el mensaje que Dios tuvo para mí en ese día de verano en que el Espíritu Santo inspiró a un DJ anciano a tocar melodías para una cocinera corta de manos en una cocina caliente y llena de vapor en Filadelfia: El rostro de Dios está siempre ante ti.

Meditación: El Salmo 43 pide a Dios que envíe su luz y su verdad, para guiarnos a su morada. ¿Dónde te ha mostrado esa luz el rostro de Dios en un lugar inesperado hoy? ¿Qué mensaje tenía Dios para ti? ¿Cómo imaginas que otros ven y escuchan a Dios a través de ti?

Oración: Envía, Señor, tu luz y tu verdad, para que vea tu rostro en los que encuentro y oiga tu Palabra proclamada en las esquinas de las calles y en las cocinas. Que me conduzcas al lugar donde vives, para que pueda cantar tus alabanzas para siempre.

17 de marzo: Martes de la Tercera Semana de Cuaresma

Vivir de la Misericordia

Lecturas: Dan 3, 25. 34-43; Mt 18, 21-35

Escritura:
Pedro se acercó a Jesús y le preguntó: "Si mi hermano me ofende, ¿cuántas veces tengo que perdonarlo?" (Mt 18, 21a)

Reflexión: "¿Cuál es su política con respecto a entregar tarde las tareas?", se pregunta el estudiante a mi puerta. Después de años de enseñanza, sé que esta pregunta a menudo no es tanto una petición de una cifra —el porcentaje que deduzco de la nota del estudiante por cada día de demora— sino una preparación para un pedido de misericordia.

Reflexionando sobre la historia de Mateo de la pregunta de Pedro a Jesús, me pregunto qué impulsó a Pedro a preguntarle a Jesús sobre el perdón, una y otra vez. Estoy seguro de que no fue una pregunta retórica ni siquiera una solicitud de información. ¿A quién sintió que ya había perdonado lo suficiente? ¿Fue alguien a quien había perdonado muchas veces, y que había traicionado su confianza una y otra vez? ¿O era Pedro quien había transgredido y necesitaba una mano abierta para perdonarle?

Quiero ponerme en la historia como el que perdona, como alguien que ya es generosa con el perdón, pero a quien se le ha pedido ser más generosa todavía. Aunque es tan formidable como eso cuando quiero envolverme con mi justa indignación como un manto, es aún más difícil para mí verme a mí misma como la que necesita el perdón de mis hermanos y hermanas y de Dios. Ni una o siete veces, ni siquiera setenta veces siete. Pero tantas veces como sea necesario. Significa admitir que soy una pecadora. Más difícil aún, significa admitir que vivo totalmente de la misericordia de Dios.

Meditación: El poema de Denise Levertov "Vivir en la misericordia de Dios" invoca la imagen de una cascada, golpeando durante miles de años sobre las rocas más abajo, como una imagen del amor de Dios que desgasta nuestros corazones que resisten. ¿Qué roca de tu corazón está siendo desgastada por la misericordia de Dios, incluso cuando no eres consciente de las fuerzas dentro de las cuales vives?

Oración: Tu misericordia, Señor, no tiene límites. Concédeme que pueda ser abierto en perdonar a mis hermanas y hermanos. Que sea lo suficientemente humilde como para saber cuán a menudo y profundamente me perdonas.

18 de marzo: Miércoles de la Tercera Semana de Cuaresma

Captando la Indirecta

Lecturas: Dt 4, 1. 5-9; Mt 5, 17-19

Escritura:
"No crean que he venido a abolir la ley o los profetas". (Mt 5, 17a)

Reflexión: Estaba en primer curso cuando horneé mi primer pastel. Naturalmente, elegí la receta de pastel de chocolate más complicada del libro de cocina, que incluía la misteriosa instrucción para mí de añadir alternativamente el agua y los ingredientes secos. ¿Por qué no puedo poner toda la harina de una vez, le pregunté a mi madre? Ella no lo sabía, pero sugirió que no era prudente ignorar las instrucciones sin saber la razón detrás de ellas.

San Agustín sugirió en un sermón del siglo V sobre la Primera Carta de San Juan que toda la ley y las instrucciones de Jesús para nosotros se pudieran resumir en una sola línea: "Ama y haz lo que quieras". Pero aquí, en el evangelio de Mateo, Jesús parece estar enfocándose en las minucias más que en el panorama general: observar hasta la más mínima parte de la letra de la ley. Debemos apegarnos a las instrucciones, dice Jesús, aunque no veamos el sentido en ellas, hasta que la ley sea verdaderamente cumplida.

La ley no es un conjunto arbitrario de reglas que nos hacen tropezar, sino una manera de entrenarnos en los caminos de

Dios, de mostrarnos cómo es la salvación, de ayudarnos a actuar en amor cuando no tenemos ganas de amar. En su poema *The Dry Salvages*, T. S. Eliot señala que no tenemos la perspectiva de Dios; sólo tenemos pistas. Para el resto, escribió, tenemos la oración, la observancia y la disciplina. Estas instrucciones están destinadas a guiar nuestros pies por el camino de la paz, hasta que el reino de Dios sea una realidad. Sólo entonces no tendremos necesidad de la ley ni de los profetas.

Meditación: ¿Qué letra "más pequeña" de la ley te parece más "limitante"? ¿Es porque has superado la necesidad de ella o porque te irrita por tus defectos?

Oración: Haznos conocer, Señor, tu ley, para que nos entrenes en el amor y nos formes en la gracia. Fortalécenos en nuestras disciplinas cuaresmales, y haznos firmes en la oración.

19 de marzo: San José, Esposo de la Santísima Virgen María

Sin Sorpresa

Lecturas: 2 Sam 7, 4-5a. 12-14a. 16; Rom 4, 13. 16-18. 22; Mt 1, 16. 18-21. 24a o Lc 2, 41-51a

Escritura:
"¿Por qué me andaban buscando? ¿No sabían que debo ocuparme en las cosas de mi Padre?" (Lc 2, 49b)

Reflexión: Los padres nos preocupamos. Me preocupo por mis hijos adultos, incluso cuando sé que no debería. José ciertamente se preocupó por Jesús cuando desapareció en Jerusalén. A veces me pregunto qué pasó por la mente de José cuando finalmente se encontró con su hijo enseñando en el templo. Alivio, seguramente, tanto de sus propias preocupaciones persistentes como de las de María; ambos habían arriesgado tanto por este niño.

El evangelio dice que María y José se asombraron al encontrar a Jesús enseñando en el templo, y yo conozco bien esta sensación de quedarme atónita por lo que mis hijos pueden hacer. Pero me pregunto si ellos se sorprendieron. Me quedé asombrada cuando mi hijo de cinco años se sentó a mi lado una mañana y leyó en voz alta la primera página de un libro nuevo; no tenía idea de que había aprendido a leer por sí mismo. Pero no me sorprendió mucho, ya que esperaba la siguiente fase de su desarrollo. Seguramente

María y José habían estado esperando para ver cómo se desarrollaría un niño que ellos sabían que había sido concebido a través del Espíritu Santo. ¿Habían estado esperando los signos?

Los padres esperan. Esperamos que nuestros hijos nazcan, esperamos que vuelvan a casa. Esperamos a ver en qué se convertirán cuando crezcan. Dios se preocupa y nos espera también. Preocupados, nos perderemos, esperando a ver qué podemos llegar a ser, renacidos como hemos estado en el agua y en el Espíritu Santo. Y aunque sospecho que en un momento de gracia puedo asombrar a Dios, Dios nunca se sorprende. Porque soy conocido en el fondo de mi ser, en todas mis salidas y en todos mis devenires. Dios ha visto los signos.

Meditación: ¿Qué signos ves en tu vida de crecimiento que ha sido animada y sostenida por el Espíritu Santo durante esta Cuaresma? ¿Qué expectativas tienes de que Dios obre en tu vida? ¿Qué es lo que te asombra de la obra de Dios en la gente que te rodea?

Oración: Cuida las semillas que has plantado en nuestros corazones, oh Señor, para que crezcamos y lleguemos a ser lo que tú nos has creado para que seamos. Que veamos los signos de las cosas a las que estás dando vida, no sólo en nosotros mismos, sino también en nuestros hermanos y hermanas.

El Aroma de la Misericordia

Lecturas: Os 14, 2-10; Mc 12, 28-34

Escritura:
Su esplendor será como el del olivo
y tendrá la fragancia de los cedros del Líbano. (Os 14, 7b)

Reflexión: El clima es a menudo frío y crudo en marzo, y anhelo la luz y el calor del final de la primavera, pues el verano florece y cada año me sorprende con su abundancia. Las imágenes que Oseas usa para recordarnos el amor de Dios y la abundancia de su misericordia son igualmente tentadoras, llenas de luz, exuberantes y cálidas. Me transportan al jardín fuera de la cocina de mi madre, donde un olivo ha echado profundas raíces, protegiendo la casa del sol del desierto. Sigo los aromas: de las rosas de mi madre al romero que cubre una ladera de la colina del alto cedro plantado en el patio trasero. A un lugar para sentarse tranquilamente lejos del bullicio generado por hermanos, sobrinos y sobrinas.

Oseas me recuerda que en todas partes hay signos del amor y de la misericordia de Dios, que me llevan a un lugar de refugio, al lugar donde Dios habita. El amor de Dios está arraigado profundamente, su misericordia es abundante y hermosa y fragante. ¿Cómo no podría anhelar estos lugares, no caminar por estos senderos, no calentarme a la luz de esta gracia?

Hoy se cumple la mitad de la Cuaresma. Hemos echado raíces en las historias de la historia de la salvación, hemos escuchado las historias de Abraham y Moisés, de Naamán y de los tres jóvenes en el horno. Pronto tomaremos el evangelio de Juan y seguiremos a Jesús a Jerusalén. Para verlo como el Hijo de Dios, que viene a la gloria, para verlo como el Redentor, lleno de misericordia. Este es el momento de dejar de lado el mundo y comprometerme a seguir a Jesús a Jerusalén con todo mi corazón, toda mi mente y todas mis fuerzas. Este es el momento de detenerse, de respirar el aroma de Cristo y de calentarse con su amor misericordioso.

Meditación: ¿Qué lugares encuentras que evocan particularmente la misericordia de Dios? ¿Dónde encuentras rastros de la gloria de Dios en el mundo que te rodea? ¿Para qué necesitas prepararte en la segunda mitad de la Cuaresma?

Oración: Abre nuestros sentidos para ver tus huellas en el mundo que nos rodea, oh Señor. Permítenos inspirar tu fuerza, para que podamos seguirte con nuestros corazones, mentes y almas en la vida venidera.

¿Qué es el amor?

Lecturas: Os 6, 1-6; Lc 18, 9-14

Escritura:
"Porque yo quiero misericordia y no sacrificios, conocimiento de Dios, más que holocaustos". (Os 6, 6)

Reflexión: "He pasado horas estudiando todas las noches, ¿cómo obtuve una nota tan mala en este examen? Mi compañero de cuarto no pasó ni la mitad de ese tiempo", grita el estudiante en mi oficina. Dime como pasas tu tiempo, sugiero gentilmente, sospechando que sus sinceros y duros esfuerzos están mal dirigidos.

Oigo un toque de la misma evasión en la diatriba del fariseo: "¡Yo ayuno! ¡Doy el diezmo! He invertido mi tiempo". Y, me da vergüenza decirlo, a veces lo oigo con mis propias palabras cuando le digo a mi marido: "Lavé los platos. Limpié el refrigerador. Hice las compras". Todo dicho en un tono lleno de aspereza y sobreentendiendo que "Lo he hecho todo de nuevo, y tú no".

Es razonable querer que nuestro arduo trabajo y nuestros sacrificios sean reconocidos y recompensados. Queremos recuperar lo que pusimos en una relación. Pero el amor va más allá de lo razonable, más allá de lo contractual. *No me digas lo que otros hicieron o no hicieron, pero dime cómo amaste y cómo dejaste de amar*, escucho a Dios sugiriendo suavemente.

Dame un corazón humilde y arrepentido, y te mostraré cómo es el amor, en toda su abundancia irrazonable e inmoderada.

Meditación: Encuentro la famosa carta de Pablo a los Corintios (1 Corintios 13, 4-13) sobre el amor —" El amor es paciente y muestra comprensión . . . "— usada tan a menudo en las bodas, un examen de conciencia provocativo para cada día. ¿En qué momento dejé de ser paciente, comenzando a buscar mis propios intereses? ¿Dónde, hoy, he fallado en amar como Dios ama?

Oración: Dios, enséñanos a ser pacientes y amables. Enséñanos a no buscar nuestros propios intereses, sino a estar atentos a los de nuestros hermanos y hermanas. Enséñanos a amar, inmoderadamente y sin razón.

El Costo de la Luz

Lecturas: 1 Sam 16, 1b. 6-7. 10-13a; Ef 5, 8-14; Jn 9, 1-41 o 9, 1. 6-9. 13-17. 34-38

Escritura:
Unidos al Señor, son luz. (Ef 5, 8b)

Reflexión: Lucho por captar las imágenes de la carta de San Pablo a los Efesios. Vivo cerca de una gran ciudad, donde la verdadera oscuridad es difícil de encontrar. Incluso en medio de una noche oscura y de tormenta, hay suficiente luz para que pueda leer. Mis colegas astrónomos lamentan la "contaminación lumínica" que nos ciega ante las glorias de los cielos. Y la luz es tan barata. Iluminar brillantemente una habitación durante una hora con una bombilla moderna cuesta unos pocos centavos, pero hace dos mil años, alguien habría trabajado durante horas para comprar suficiente aceite para iluminar una habitación entera. La luz exige poco de mí; puedo invocarla con un movimiento de mi mano, o con una palabra a una lámpara inteligente.

Pero la luz que Pablo nos ofrece no es como la luz que yo conozco, no es una luz barata, sino la luz costosa de su tiempo. Como la gracia de la que hablaba Dietrich Bonhoeffer en su ensayo "El precio de la gracia", el costo de esta luz requiere que lo entregue todo. El evangelio nos dice cómo Jesús abre los ojos de ciego de nacimiento, haciéndole ver la luz por primera vez. Esta luz era difícil de conseguir: con sus ojos manchados de barro, aún ciego, tuvo que encontrar el camino a Siloé y lavarse. El costo de esta luz fue su comunidad, que cuando proclamó la buena nueva de lo que se había hecho por él, lo echó físicamente.

¿Cuál es el costo de la luz que se nos dio para sostener en nuestro bautismo, que se nos pide que sigamos encendiendo? Esta luz no es un resplandor en el horizonte, desdibujando las estrellas. Esta luz es una llama en la oscuridad, sostenida en nuestras manos donde podemos sentir su calor. Vivir con ella es estar alerta, siempre despierto, siempre en riesgo. Esta es una luz de gran precio.

Meditación: ¿Cuánto te ha costado la luz del Evangelio? ¿Qué arriesgarías para mantenerla encendida?

Oración: Dios, nos has llamado de las tinieblas para que seamos luz para el mundo. Haz que ardamos con todo lo que tenemos como una señal para las naciones de tu poder salvador.

Pide una Sola Cosa

Lecturas: Is 65, 17-21; Jn 4, 43-54

Escritura:
"Si no ven ustedes signos y prodigios, no creen". (Jn 4, 48b)

Reflexión: Cuando yo era niña, rezaba cada noche para que cuando me despertara por la mañana Dios hubiera sanado mis ojos para que pudiera ver claramente. Sin embargo, cada mañana me despertaba, aún incapaz de leer la hora en el reloj de cabecera sin tener que buscar mis anteojos a tientas. Finalmente dejé de pedir este milagro, llegando a estar agradecida de vivir en una época en la que milagrosamente se habían inventado los anteojos.

Durante mucho tiempo la experiencia me hizo dudar de orar pidiendo milagros, o al menos por milagros específicos. Tal vez tenía miedo de pedir un milagro porque creía que no lo merecía. Quizás tenía más miedo de no confiar lo suficiente en Dios, de que, si el final milagroso que buscaba no se materializaba, mi fe vacilaría. Y me cuesta reconciliar al Dios que encuentro en la lectura de Isaías, que tanto promete, con un Dios que a veces responde a las oraciones de nuestros corazones con "no" o "todavía no".

En su carta a la viuda Proba, San Agustín aborda estos temores. Aconseja no orar por cada pequeña cosa, sino por la única cosa milagrosa que es nuestro fin último. En palabras del salmista: "Una cosa al Señor sólo le pido, la cosa que yo busco es habitar en la casa del Señor mientras dure mi vida". Amplía tus horizontes para desear más allá de lo que hay en la tierra, aconseja Agustín. Este anhelo aumenta nuestra capacidad de recibir los dones que Dios tiene para nosotros y abre nuestros corazones a todas las posibilidades milagrosas que nos rodean. Así que quizás la respuesta que Dios quiere hacer a nuestras oraciones por milagros no es "sí" o "no", sino "espera, tal vez puedas querer mucho más".

Meditación: ¿Ha habido momentos en tu vida en los que has rezado por un milagro? ¿Cómo cambió esa oración tu relación con Dios? ¿Qué cosa buscarías de Dios?

Oración: Señor, tú anhelas transformar nuestro luto en danza, enjugando cada una de nuestras lágrimas. Despierta en nosotros el deseo de buscar habitar contigo en la alegría todos los días de nuestra vida y para toda la eternidad.

Agua de Vida

Lecturas: Ez 47, 1-9. 12; Jn 5, 1-16

Escritura:
"Porque los lugares a donde lleguen estas aguas quedarán saneados y por dondequiera . . . prosperará la vida". (Ez 47, 9a)

Reflexión: "CHNOPS y agua", dijo el astrónomo de la Escuela de Verano del Observatorio Vaticano. ¿Buscando vida en otros planetas? Busca los elementos básicos: carbono (C), hidrógeno (H), nitrógeno (N), oxígeno (O), fósforo (P) y azufre (S), dijo. Y agua, grandes cantidades de agua líquida. No pude evitar pensar en este pasaje de Ezequiel, el profeta que se adentra cada vez más en las aguas que fluyen, un gran río que da vida a los peces y a los árboles, proporcionando alimento y medicina para todos.

Los bloques de construcción de la vida vienen en formas que pueden parecer arenosas y poco atractivas, pedazos de roca, alquitrán pegajoso y vapores sulfurosos. Sin embargo, el azufre literalmente da forma a nuestras células, y los átomos de fósforo y oxígeno extraídos de minerales dentro de la tierra mantienen unido nuestro código genético. El agua es crítica para la vida porque reúne a los otros elementos, permitiéndoles moverse libremente para encontrarse, reaccionar y construir algo nuevo. De estos elementos que de otro modo serían poco notables, provienen los árboles frutales y los peces, los alimentos y las medicinas de Ezequiel.

Nosotros también somos materiales comunes y corrientes. A veces puede ser difícil ver bajo la superficie y captar el extraordinario potencial de los demás, e incluso de nosotros mismos. El agua es crítica para nuestra vida como cristianos. Esas aguas desbordantes del bautismo lavan la arenilla del pecado original, liberándonos para vivir y movernos dentro del Cuerpo de Cristo, liberándonos para reunirnos como algo nuevo. No hay vida sin estas aguas, ni dentro de nosotros, ni dentro de nuestra comunidad. Son las que nos liberan para alimentarnos unos a otros y sanar los males de los demás.

Meditación: ¿De qué has sido liberado en virtud de tu bautismo? ¿Dónde buscas aún más libertad para alimentar a los hambrientos o fortalecer a los débiles? ¿En qué aguas estás siendo invitado a vadear con Dios?

Oración: Llévanos, Señor, a ver el extraordinario potencial que hay en nuestras hermanas y hermanos, así como en nosotros mismos. Remueve las aguas, para que seamos libres para movernos, capaces de edificar el reino de Dios, llenos de vida.

Vaciados por la Gracia

Lecturas: Is 7, 10-14; 8, 10; Heb 10, 4-10; Lc 1, 26-38

Escritura:
"Yo soy la esclava del Señor; cúmplase en mí lo que me has dicho". (Lc 1, 38)

Reflexión: *Dios te salve María, llena de gracia.* He estado diciendo esas palabras desde que tengo memoria. Las he rezado en momentos de desesperada necesidad a la cabecera de la cama de mi madre gravemente enferma, las he llorado en frustración mientras mis hijos luchaban en el asiento trasero del auto, las canté con alegría en las fiestas. Están metidas en estampitas en mi misal. Y cada vez que están en mi lengua, he anhelado estar llena de gracia, estar llena del Espíritu Santo como lo estaba María.

Pero estar llenos de gracia, como María, significa también estar dispuestos a comprender cuán profundamente esta plenitud, esta gracia, este mismo universo está enraizado en el vacío. La creación misma fue sacada de la nada, surgiendo hace 13.800 millones de años. María está llena de gracia y del Espíritu Santo, y en su noveno mes está llena de Dios hecho carne. Pero en el "sí" de María a esta plenitud, ella también está diciendo "sí" a ser vaciada del Hijo de Dios, a dejar que Dios salga de ella. Prefigura el propio anonadamiento de Cristo, tan elocuentemente descrito por Pablo en su carta a los filipenses, pero también establece un modelo para nosotros.

El teólogo Johann Baptist Metz argumenta que Cristo nos muestra lo que significa ser completamente humanos en su anonadamiento. De ello se deduce que el núcleo del ser humano es dejarnos vaciar, darnos no sólo a Dios, sino consentir que Dios salga de nosotros. La plenitud de la obra de Dios requiere un vaciamiento, un anonadamiento: el de María, el de Cristo, y también el nuestro.

Meditación: ¿Cómo crees que se sintió María después de haber dado a luz a Jesús, después de haber guardado a Dios dentro de ella durante todos esos meses? ¿De qué manera has retenido a Dios dentro de ti? ¿De qué manera has hecho nacer a Dios?

Oración: Dios te salve María, llena de gracia, el Señor es contigo. Bendita tú eres entre todas las mujeres y bendito es el fruto de tu vientre, Jesús. Santa María, Madre de Dios, ruega por nosotros pecadores, ahora y en la hora de nuestra muerte. Amén.

Sabiduría sin Palabras

Lecturas: Ex 32, 7-14; Jn 5, 31-47

Escritura:
Se olvidaron del Dios que los salvó,
y que hizo portentos en Egipto. (Sal 106, 21)

Reflexión: "Orar" aparece en la parte superior de mi lista de tareas todos los días, añadida automáticamente por mi sistema de gestión de tareas. En parte es un recordatorio de dónde comienza y termina mi vida y, por lo tanto, mi jornada: en Dios. No quiero olvidar a Dios, así que como hago con otras cosas que no quiero olvidar, pongo a Dios en mi lista de cosas por hacer. Quiero decir que Dios es el frente y el centro, una prioridad alta en mi vida. Pero me pregunto si las oraciones de la lista de tareas se han convertido en mi becerro de oro. ¿He hecho una imagen de Dios tan pequeña que puedo marcarlos como "hecho" para el día con un clic?

Henri Nouwen escribió que la formación espiritual es el proceso doloroso y lento de descubrir la incomprensibilidad de Dios. Dios, dice, no puede ser reducido a una sola idea o concepto, que todo lo que podamos esperar sea una especie de ignorancia aprendida, una sabiduría que no podamos poner en palabras. En el evangelio de hoy Jesús desafía a los fariseos que piensan que pueden explorar las Escrituras para encontrar la vida eterna, limitando su búsqueda de Dios a las páginas de un libro.

Saquen su cabeza de los libros y vengan a mí, vivan esta vida, dice Jesús. ¿De qué otra manera sabrán en qué creer? No lo consignes a los rincones de tu vida, para ser ritualmente marcado en una lista de cosas por hacer, espirituales o de otro tipo, o escondido cuando se cierra un libro. No es que la oración no esté en mi lista, ni que no escuche la palabra de Dios en las Escrituras, sino que escucho a Dios preguntándome si no debería estar buscándolo en todo lo que está en mi lista y fuera de ella, desde la clasificación de los papeles hasta las reuniones de la tarde y el estudiante con el que me encuentro en la tienda de comestibles: *"Deberías saber más de mí de lo que puedes expresar con palabras"*.

Meditación: ¿Hay momentos en que te encuentras marcando a Dios en la lista de cosas por hacer? ¿Cómo puedes encontrar maneras de ver a Dios obrando en las cosas de tu agenda y en tus tareas diarias?

Oración: Dios, ayúdanos a levantar la vista de nuestros libros, listas y agendas. Concédenos los ojos para verte en cada encuentro y en cada tarea de nuestra jornada.

Meditación de Dos Banderas

Lecturas: Sab 2, 1a. 12-22; Jn 7, 1-2. 10. 25-30

Escritura:
"Sometámoslo a la humillación y a la tortura,
para conocer su temple y su valor". (Sab 2, 19)

Reflexión: En la mitad de la segunda semana de los *Ejercicios Espirituales* de San Ignacio de Loyola hay una meditación llamada "Dos banderas". Al ejercitante se le pide que medite en dos ejércitos aglutinados en una llanura, el estandarte de Cristo volando de un lado y el de Lucifer del otro. Pidan la gracia, aconseja Ignacio, para poder reconocer la diferencia, para saber dónde plantar su propia bandera.

Es tentador imaginar una escena de batalla como esa en alguna película épica, donde el punto de vista es el terreno elevado, las banderas de colores crujen con fuerza a medida que los dos bandos fluyen el uno hacia el otro. Es fácil ver quién es quién desde este punto de vista, fácil elegir un bando.

Pero como bien sabía el soldado Ignacio, una batalla es mucho más complicada cuando se está a nivel del suelo. Hay ruido, polvo y distracción. Las banderas son difíciles de ver a veces, y los enemigos no se ven tan diferentes de los amigos. Debes confiar en que la posición establecida antes de la batalla es la que mantienes. Así también, en mi vida. Quedan dos opciones: la vida y la muerte, el bien y el mal, la luz y las tinieblas, Dios y el vacío eterno. He hecho mi elección, he plantado mi bandera. Pero la vida real me pone a prueba cuando busco a quién seguir.

El salmista tiene un consejo para mí. El Señor está cerca de los quebrantados de corazón, de los contritos de espíritu, de los que trabajan por la justicia. El salmista tiene un consejo para mí. Puedo esperar ver a los quebrantados de corazón, a aquellos que están perturbados, a aquellos para quienes la justicia aún no se ha hecho realidad. Allí, en medio de los humildes, encontraré a Cristo.

Meditación: La primera lectura del libro de la Sabiduría dice del justo que su vida no es como las demás. ¿En qué se diferencia tu vida porque sigues a Cristo? ¿Cómo has cambiado en tu vida diaria a lo largo de esta Cuaresma?

Oración: Concédenos una parte de tu paciencia, Dios. Acércanos a ti cuando estamos quebrantados en espíritu y turbados, cuando anhelamos la justicia y la misericordia que el mundo no nos dará.

Presa del León

Lecturas: Jer 11, 18-20; Jn 7, 40-53

Escritura:
En ti, Dios mío, me refugio;
de mis perseguidores sálvame.
No permitas que algunos, como fieras,
me destrocen y nadie me rescate. (Sal 7, 2-3a)

Reflexión: Me desperté escuchando a los caballos dando patadas, moviéndose incómodamente de una pata a la otra. Mis dos hijos y mi esposo estaban durmiendo, envueltos en mantas en el suelo cerca, acampando para pasar la noche con amigos que viven en el cañón cerca de la granja de mi papá. Habíamos hablado en el paseo acerca de toda la vida salvaje que vivía fuera de la vista: las serpientes y arañas, los coyotes y los pumas. Lo que había parecido mágico a la luz del día, de repente se sintió amenazante durante la oscuridad de la noche.

Los coyotes aulladores se acercaron, los caballos se pusieron más nerviosos, hasta que oí algo crujir en la maleza cercana. Sin pensarlo dos veces, acerqué a los chicos, poniendo mi cuerpo entre ellos y lo que sea que estuviera ahí fuera. Con su padre y yo acurrucados a su alrededor, durmieron seguros toda la noche.

Cada vez que oigo el séptimo salmo, pienso en esa noche, cuando la idea de que yo era la presa del león dejó de ser una metáfora para convertirse en algo demasiado real. Cuando comprendí más profundamente lo que significa vivir en una oscuridad tan profunda, no puedo ver lo que podría estar acechándome, vivir sin protección, lejos de la ayuda o el refugio. Y, sin embargo, el salmista promete que Dios será como un escudo ante mí.

No se sientan tentados de tratar las promesas de este salmo como mera "espuma y burbuja", dijo San Juan Crisóstomo en un comentario. Podemos ser perseguidos por las fuerzas del mal, pero aquellos que arden con el fuego del Espíritu y sostienen lámparas que nunca pueden ser apagadas no pueden ser tocados. Así que cuando el mal se acerca, me imagino a Dios acercándose a mí en la oscuridad, tirando de mí, y poniendo su cuerpo entre mí y cualquier león que esté al acecho, metafórico o literal.

Meditación: ¿Cuándo has sentido la necesidad de la protección de Dios? ¿Qué amenazas temes más?

Oración: Dios, eres como un escudo ante nosotros, como un refugio de luz en la oscuridad. Abrázanos, para que los males que acechan a este mundo nunca nos toquen.

Tropezando hacia la Luz

Lecturas: Ez 37, 12-14; Rom 8, 8-11; Jn 11, 1-45 o 11, 3-7. 17. 20-27. 33-45

Escritura:
Luego gritó con voz potente: "¡Lázaro, sal de allí!" (Jn 11, 43)

Reflexión: No es Pascua (todavía), pero habiendo crecido con el conocimiento de la resurrección, no puedo evitar oír en estas lecturas un presagio de la pasión y la resurrección. Tomás está listo para ir a Jerusalén y morir con Jesús, las mujeres están llenas de fe ante la muerte, y Lázaro yace en una tumba, para ser resucitado a la vida. Sé cómo termina la historia, así que en cierto modo no me preocupa el dolor de Marta y María, no me conmueve la determinación de Tomás de quedarse con Jesús pase lo que pase, no me sorprende que Lázaro se levante de entre los muertos.

Pero este tiempo nos tiene en el umbral de la puerta, entre la muerte y la vida, para imaginar una y otra vez lo que es tener al Espíritu respirando la vida en nosotros, para resucitar. Recuerdo el poema de John Updike "Siete estrofas en la Pascua". Nos advierte contra la idea de ver los acontecimientos del misterio pascual como parábolas o leyendas piadosas, de embellecerlos para hacerlos más tolerables. Párate a la entrada de la tumba, dice, siente el peso de la roca y escuche los gruñidos de aquellos que luchan por abrirla.

Mira al hombre atado de pies y manos en un sudario emergiendo y tropezando hacia la luz.

Cuaresma o no, vivo en este espacio liminal, creyendo en la resurrección, esperando que yo también sea devuelta a la vida al final, sacada de las profundidades del pecado. Una y otra vez, Jesús me llama, y yo tropiezo fuera de la tumba hacia la luz insoportable. Puede que no me sorprenda que me rescaten, pero que nunca me quede nada menos que aturdida por estar respirando de nuevo.

Meditación: Las historias de los acontecimientos que llevaron a la pasión, muerte y resurrección de Jesús son tan familiares que puede ser difícil escucharlas de nuevo. Lee el evangelio de hoy. ¿Qué te llama la atención? ¿Qué cosas te sorprenden, a las no has pensado durante muchos años?

Oración: A ti clamamos desde las profundidades, oh Señor, y te rogamos que desates las ataduras del pecado que nos encierran. Llámanos a la luz, para que podamos proclamar de nuevo tu gloria.

Esperando la Misericordia

Lecturas: Dan 13, 1-9. 15-17. 19-30. 33-62 o 13, 41c-62; Jn 8, 1-11

Escritura:
"Aquel de ustedes que no tenga pecado, que le tire la primera piedra". (Jn 8, 7b)

Reflexión: Como profesora conozco el poder de una pregunta oportuna y de esperar su respuesta. Hacer preguntas de este tipo puede ser difícil para los estudiantes, cuyo dominio del material aún no es seguro; dudan en responder. Esperar en silencio por una respuesta puede ser difícil para los profesores, ya que queremos ayudar, queremos hacer algo. Pero a veces el trabajo de exprimir para obtener una respuesta a una pregunta puede enseñar a un estudiante más de lo que puedo hacer en una conferencia de una hora de duración. Así que me quedo ahí parada incómoda, y espero.

Jesús está dispuesto a hacer las preguntas, y a esperar, a esperar a que los espectadores escudriñen sus corazones, a esperar a que cedan su juicio al de él. A pesar de todo lo que estoy dispuesta a hacer preguntas y esperar en mi clase, a veces estoy menos dispuesta a hacerlas y esperar en el resto de mi vida. Toco la bocina al coche que tengo delante, molesta con su conductor que no ha visto que el semáforo rojo pasó a verde. El coche finalmente se mueve y se dirige por la carretera lentamente. Al no tener piedras para lanzar, vuelvo a tocar la bocina, juzgando de nuevo, sin pensar ni una sola vez cómo se siente estar atrapados en los pensamientos mientras se espera a que el semáforo cambie o se necesite manejar lentamente cuando uno busca una dirección. No estoy libre de pecado.

En la novela de Graham Greene, *Brighton Rock*, hay una escena en el confesionario en la que una joven se pregunta si su difunto marido está condenado, o quizás si ella lo está. El sacerdote la escucha pacientemente, y finalmente le dice que ni él, ni ella, ni ninguno de nosotros podemos comprender la terrible extrañeza de la misericordia de Dios. Todo lo que podemos hacer es esperar. Esperar para juzgar. Esperar a que la misericordia que esperamos sea nuestra.

Meditación: ¿En qué parte de tu vida estás tentado de saltar al juicio y luego tirar piedras a los demás? ¿Puedes pedirle a Jesús que espere contigo hasta que estés listo para dejar que el juicio vaya a favor de la misericordia?

Oración: Dios de misericordia, evita que nuestros pecados nublen nuestra vista. Concédenos la paciencia para suspender nuestro juicio sobre nuestros hermanos y hermanas y el valor para perdonar a los que nos han herido.

31 de marzo: Martes de la Quinta Semana de Cuaresma

Levanten la Cruz

Lecturas: Nm 21, 4-9; Jn 8, 21-30

Escritura:
Moisés hizo una serpiente de bronce . . . y si alguno era mordido y miraba la serpiente de bronce, quedaba curado. (Nm 21, 9)

Reflexión: Cuando escucho "toma tu cruz", tiendo a pensar en los tipos de cruces que no me gustaría llevar, en las cosas difíciles que se nos pide que llevemos, ya sea por nosotros mismos o los demás. Las cruces son una carga, pueden agotar mi paciencia como los israelitas. Pero en la primera lectura, oímos cómo Moisés levanta la serpiente de bronce, y el pueblo que la ve es sanado de la mordedura de la serpiente. Jesús dice que lo levantaremos, y viéndolo por quien es, seremos sanados de nuestros pecados. Estas cruces que se nos confían no son sólo cargas, sino también signos: la curación se puede encontrar aquí.

El Papa Francisco se ha referido a menudo a la iglesia como un hospital de campo, una fuente de esperanza para el sufrimiento y un lugar de sanación, misericordia y perdón. Esta, dice, es la misión primaria y fundamental de la iglesia. Él tiene claro que ve esta misión como algo más amplio que las realidades sacramentales que la iglesia provee; la vocación de misericordia de la iglesia es más que el ofrecimiento del sacramento de la reconciliación. Nosotros, el pueblo de Dios, todos y cada uno de nosotros, estamos llamados a curar a los enfermos, a atender a los moribundos, a proveer a los desesperados, a reconciliar a los divididos. Se espera que no sólo llevemos una cruz, sino que seamos un signo de la cruz, que seamos las manos y los pies de Cristo. Como un hospital de campo, se espera que estemos en el frente, en medio de la lucha. Es un lugar de riesgo, no de seguridad.

Siguiendo el ejemplo del tradicional himno de Cuaresma que comienza: "Levantad en alto la cruz, proclamad el amor de Cristo . . .", levantemos cada día en lo alto la cruz, para que el amor de Cristo no sólo sea visible, sino tangible.

Meditación: ¿Cómo levantamos la cruz en lo alto, como señal de que la sanación puede ser encontrada ahí? Recuerda un momento en el que hiciste visible y accesible el poder sanador de Dios a los necesitados. ¿Dónde has visto la cruz y la has seguido para encontrar sanación en el cuerpo, la mente o el espíritu?

Oración: Señor, fortalece nuestros brazos para que podamos levantar en alto tu cruz. Haz de nosotros un signo de esperanza para los desesperados, un signo de unidad para los divididos y un signo de paz para las naciones.

Bendito es el Señor

Lecturas: Dan 3, 14-20. 91-92. 95; Jn 8, 31-42

Escritura:
"Bendito seas, Señor, en la bóveda.
Bendito seas, Señor, para siempre". (Dan 3, 56)

Reflexión: He clavado en la pizarra de mi oficina algunas de esas tarjetas de papel de cartoncillo creadas con amor desde que mis hijos estaban en el preescolar. Las cartas son frágiles después de tantos años, pero todavía me gusta leerlas para recordar las muchas maneras en que me han amado, desde los acrósticos que me describían como "viva" y "curiosa" hasta los pétalos de flores que contaban los libros que leíamos juntos. En mis días más difíciles como madre, cuando me preguntaba si mis hijos realmente me querían, podía leer las letanías en mi pared. *Me encanta que me leas, Me encanta que me dejes cocinar.*

En el evangelio de hoy escucho a Jesús haciendo la misma pregunta a sus seguidores: ¿Me aman a mí? ¿Cuánto? ¿Tanto como Abraham? ¿Suficiente como para escuchar mis palabras? Los tres jóvenes en el horno también tienen una respuesta a esa pregunta. ¿Cuánto aman a Dios? Tanto que le dicen a Nabucodonosor que, si Dios no les ahorra este destino ardiente, no se retractarán y adorarán algo inferior. En el horno los tres jóvenes gritan su amor, viendo a Dios manifestarse en los cielos, en las profundidades, en su trono, en su templo. Y sospecho que, como yo, Dios se deleita al escuchar cómo es amado.

Estoy segura de que el amor de Dios por mí, por nosotros, no cambia. Somos hijos amados de Dios. Yo también estoy segura de que amo a Dios. Pero ¿puedo contar todas las formas en que soy amada y amo a cambio? Bendito seas tú, oh Señor, que hiciste las gotas de nieve que caen en cascada por la ladera de la colina cerca de mi oficina. Bendito seas, Señor, por los estudiantes que animan mi día. Bendito seas, Señor, que me alimentas con tu Cuerpo y tu Sangre, digno de alabanza y glorioso para siempre.

Meditación: ¿Por qué cosas alabarías al Señor? Trata de escribir u orar en voz alta una letanía de las cosas por las que está agradecido, que Dios ha hecho por ti en tu propia vida. No pierdas de vista los pequeños milagros —los semáforos verdes cuando llegas tarde al trabajo— en medio de las maravillas imponentes del firmamento del cielo.

Oración: Bendito seas, oh Señor, en el firmamento del cielo, por la guía de tu Palabra. Bendito seas, oh Señor, en tu santo templo, por tu Cuerpo y Sangre que nos alimentan. Digno de alabanza y glorioso ante todo y para siempre.

Libres del tiempo

Lecturas: Gen 17, 3-9; Jn 8, 51-59

Escritura:
Ni aunque transcurran mil generaciones,
se olvidará el Señor de sus promesas. (Sal 104, 8)

Reflexión: La Liturgia de las Horas está salpicada de "Glorias". Esta oración abre cada hora, se recita al final de cada salmo y cántico. Las últimas palabras de esta doxología familiar están en mis labios docenas de veces al día: "Como era en el principio, ahora y siempre, por los siglos de los siglos". Se me recuerda una y otra vez que en el pasado y en el presente, incluso antes de que comenzara el tiempo, Dios es inmutable, eterno y misteriosamente trino. Sin embargo, estoy tan envuelta en el tiempo secular, atada a calendarios y relojes, que al igual que los espectadores del evangelio de Juan, que están desconcertados por la pretensión de Jesús de conocer a Abraham, lucho con la idea de Dios que hace caso omiso de las limitaciones del tiempo y que no está atado por su linealidad.

Como científica, sé algo sobre el tiempo y cómo se mide. Un segundo se define como el tiempo que le toma a un átomo en particular (Cs-133) mantenido en cero absoluto para moverse entre dos estados 9 mil millones, 192 millones, 631 mil, 770 veces. Como madre, sé algo del tiempo y cómo pasa. No hay vuelta atrás, sólo adelante; No puedo estirarlo a voluntad: el bebé que una vez durmió sobre mi hombro ahora está saliendo del camino de entrada para dirigirse a Montana.

Pero aquí —en las Escrituras— y allí —en el altar— se nos ofrece la oportunidad de llegar a ser como Dios es, sin ataduras por el tiempo. No se trata de lo que sabemos, sino de a quién conocemos y quién nos conoce. *Conózcanme, conozcan al Padre y no tendrán los límites, dice Jesús. La vida eterna les pertenece.* Pero incluso si no recuerdo bien esto, si no soy capaz de captar el misterio de Dios fuera del tiempo, Dios promete no olvidarme nunca, ni por un segundo.

Meditación: Las Escrituras, la Palabra de Dios, nos permiten movernos libremente en el tiempo pasado y futuro, para estar con Abraham en el momento en que Dios invoca su alianza, para ver con San Juan lo que nos espera en el cielo. Escoge una historia familiar en las Escrituras y pídele a Dios que te invite a estar presente en ese momento. Usa todos tus sentidos. ¿Qué oyes, hueles, saboreas, ves, tocas? ¿Cómo conociste a Dios más profundamente en ese momento?

Oración: Gloria al Padre, y al Hijo, y al Espíritu Santo, como era en el principio, ahora y siempre, por los siglos de los siglos.

Piedras ante el Señor

Lecturas: Jer 20, 10-13; Jn 10, 31-42

Escritura:
"He realizado ante ustedes muchas obras buenas de parte del Padre, ¿por cuál de ellas me quieren apedrear?" (Jn 10, 32b)

"Les aseguro que si ellos se callan, gritarán las piedras". (Lc 19, 40b)

Reflexión: Tanto el salmo como el evangelio del día hablan de piedras: de Dios como una roca, de las piedras que los espectadores recogieron, con la intención de apedrear a Jesús. Tendemos a pensar en las piedras como la quintaesencia de la vida, como muertas, incapaces de hablar, pero como Jesús nos recuerda en el evangelio de Lucas (Lc 19, 40), incluso las piedras pueden gritar. Es tentador escuchar la exclamación de Jesús en Lucas como una hipérbole o una metáfora, o como un milagro que podría realizar. Pero para los geólogos y los científicos planetarios, las rocas tienen voz. Los meteoritos, las piedras que llegan de fuera de los límites de la Tierra, tienen mucho que decir. Pueden decirnos de dónde vinieron, de Marte o la Luna o algún asteroide, y lo que experimentaron en su viaje hasta aquí. Sus historias no pueden ser silenciadas o borradas, ya que son parte de su propio ser, escrito en su composición y propiedades minerales.

El salmo de hoy presenta la imagen de Dios, el Dios vivo, como una roca. *Dios mío, mi roca de refugio. Oh, Señor, mi roca.* Dios, que es la Verdad, no puede ser silenciado. Como las rocas que caen sobre la tierra, lo que Dios es, de dónde viene, todo lo que Dios ha hecho por nosotros está incrustado en su propio ser. Aunque los espectadores hubieran apedreado a Jesús, la Palabra viva es como una roca, siempre gritando en voz alta quién y qué es él.

Pero no es sólo que Cristo no puede ser silenciado. San Pedro nos dice que somos piedras vivas edificadas en el Cuerpo de Cristo (1 Pe 2, 5). Así también, por nuestra propia naturaleza, no podemos ser silenciados. Somos creados para proclamar siempre la Palabra de Dios, la Buena Nueva que es Jesús, y alabarlo con plena voz. Si nuestras voces son silenciadas, todavía estamos llamados a mostrar la verdad de la gloria de Dios por nuestras obras. Alimentar a los hambrientos, acompañar a los presos, acoger a los necesitados. Mira a tu alrededor, ¿no están las piedras vivas gritando: "aquí está el Señor"?

Meditación: ¿Dónde escuchas la voz de Dios en la gente que te rodea? ¿Quién predica con palabras, quién con hechos, quién con su ser? ¿Cómo eres una piedra viva? ¿Qué estás diciendo, qué estás haciendo, para declarar la gloria de Dios?

Oración: Dios, has construido tu iglesia con piedras vivas. Ayúdanos a proclamar tus alabanzas al mundo y haz que tu gloria se manifieste en todos los que nos encontremos.

Caminando Heridos

Lecturas: Ez 37, 21-28; Jn 11, 45-56

Escritura:
Ellos vendrán para aclamarlo el monte Sión
y vendrán a gozar de los bienes del Señor. (Jer 31, 12a)

Reflexión: En estos últimos días de Cuaresma, recuerdo el poema de Marie Howe "El *Star Market*". Ella escribe evocativamente sobre un mercado local, viendo figuras de las Escrituras a cada paso, aquí el hombre cuyos amigos pudieron haberlo bajado con cuerdas para llevarlo ante Jesús, allí la mujer tan desesperada por ser sanada que se atrevió a tocar el manto de Jesús. La narradora parece intranquila al encontrarse entre estas personas que Jesús amó, que tropiezan en el mercado en busca de lo que necesitan para su vida diaria.

Ya sea que estuviéramos tropezando en la oscuridad o entrando en nuestras vidas diarias, vinimos a la Cuaresma en busca de lo que necesitábamos para mantenernos a nosotros mismos y nuestra relación con Dios. Nos atrevimos a alcanzar la gracia, esperando las bendiciones prometidas en el cántico de Jeremías: el grano, el vino y el aceite. Vinimos a comer del Cuerpo de Cristo y a beber de su Sangre, para ser alimentados en la mesa eucarística. Vinimos por el bálsamo sanador del sacramento de la reconciliación.

Mañana entramos en la Semana Santa, donde termina el trabajo de esta Cuaresma. Este día sin duda comenzará como la mayoría de mis sábados. Despejaré la mesa del correo acumulado y tiraré las sábanas y las toallas para lavar, limpiando los residuos de una semana pasada. En este sábado en particular, haré tiempo para caminar con Dios, para recoger lo que la Cuaresma ha sembrado en mí durante estas últimas cinco semanas. Rezaré por la gracia —y por el coraje— para ver dónde he sido alimentado, dónde mi sed de Dios ha sido saciada, dónde he sido consolada y sanada. Rezaré por la gracia de dejar de tropezar y entrar en estos días santos cantando las tremendas obras de Dios.

Meditación: Al entrar en la Semana Santa, ¿cuáles han sido las bendiciones de esta Cuaresma para ti? ¿Dónde has sido alimentado, has recibido pies para bailar, has sido consolado y ha sido salvada tu alma? ¿Dónde ya no estás caminando como herido sino como alguien que ha sido visto y tocado por Dios?

Oración: Concédenos las bendiciones que prometiste a Jeremías, oh Señor. Que siempre nos alimentemos en tu mesa y encontremos consuelo en tu Palabra sanadora. Que el trabajo que has hecho en nosotros en esta Cuaresma nos haga brillar de alegría y nos prepare para alabar tu gloria.

Eclipsados

Lecturas: Mt 21, 1-11; Is 50, 4-7; Flp 2, 6-11; Mt 26, 14–27, 66 o 27, 11-54

Escritura:
La tierra tembló y las rocas se partieron. Se abrieron los sepulcros. (Mt 27, 51b)

Reflexión: "Tía Chel", dijo mi sobrina, "algo raro sucede con el sol". En el cañón seco de California, donde ella vive, me preocupaba el fuego. Así que tomé su mano y salimos a buscar el humo. Ella tenía razón, la luz no era la correcta para el mediodía, pero no había signos de fuego. El cielo estaba despejado, el sol en su lugar habitual, pero definitivamente estaba oscureciendo. Y las sombras se veían graciosas. Me sentía incómoda, fuera de lugar, e insegura de lo que estaba sucediendo. Miré más de cerca la sombra que el almendro proyectaba sobre el pasillo, y de repente comprendí. "Estamos teniendo un eclipse", le dije, asegurándole que no pasaba nada, que el sol volvería con toda su fuerza en pocas horas.

Ya sé cuál es el resultado de la pasión. Jesús va a su muerte, tan inexorablemente como la luna cruzó entre la tierra y el sol esa tarde, si sabíamos de antemano si estaba sucediendo o no. Si muere, es enterrado. Él se levanta. El sol brilla brillantemente. Puedo escuchar la pasión sin preocuparme de cómo terminará todo.

En nuestros casi dos mil años de celebración de estos días santos de nuestra salvación, me pregunto si hemos perdido el sentido de ese sentimiento inestable que los discípulos deben haber tenido. Ver signos que sugieren que las cosas no eran como habían sido, o deberían ser, pero sin saber bien lo que significaban y cómo saldrían las cosas. ¿Puedo escuchar la pasión, presentarme a su realidad, sin correr mentalmente hasta el final? Preocupada he dejado que mi conocimiento seguro de la resurrección eclipse el misterio, sintonizo mis oídos a las voces de los inseguros y de los sacudidos por lo que está ocurriendo: Pilato y su esposa, Pedro, los centuriones en la cruz. Porque no puedo acoger la Luz, si no me he sumergido primero en las tinieblas.

Meditación: Ora pidiendo la gracia de caminar la pasión lenta y reverentemente, para mirar más allá de los puntos altos y buscar los momentos en que la fe se tambalea, cuando las suposiciones subyacentes son sacudidas. Escucha también, por los momentos en que pequeñas chispas de incertidumbre estallan en llamas de reconocimiento: "¡Éste es claramente el Hijo de Dios!".

Oración: Señor Dios, danos el valor de escuchar tu pasión como si fuera la primera vez. Haz que en este momento estemos en la oscuridad que envolvió al mundo antes de que tú lo redimieras, para que podamos experimentar más profundamente el amanecer de nuestra nueva vida en los días venideros.

6 de abril: Lunes Santo

El Olor del Pastor

Lecturas: Is 42, 1-7; Jn 12, 1-11

Escritura:
María tomó entonces una libra de perfume de nardo auténtico, muy costoso, le ungió a Jesús los pies con él y se los enjugó con su cabellera, y la casa se llenó con la fragancia del perfume. (Jn 12, 3)

Reflexión: La fragancia del ungüento llenaba el aire por dondequiera que caminaba esa noche. Mis manos estaban empapadas en el crisma que mi párroco aplicó con tanta abundancia en la Vigilia Pascual que el crismario que me devolvió después de ungir a cada candidato al bautismo estaba cubierto con el óleo sagrado. Ni siquiera un minucioso lavado de manos en la sacristía había desterrado el olor.

El Papa Francisco ha dicho a menudo que los llamados a proclamar el Evangelio deben "oler a ovejas", pero me pregunto si también nosotros no debemos oler a pastor. Porque nosotros también fuimos ungidos en nuestro bautismo para ser como Cristo: sacerdote, profeta y rey. ¿Cómo llevamos esa fragancia al mundo? En su exhortación apostólica *Evangelii Gaudium*, el Papa Francisco sugiere que la belleza juega un papel, tanto la belleza de la liturgia como la belleza de las vidas que toman en serio la llamada a difundir la bondad y la alegría, dispuestas a celebrar las cosas más pequeñas.

Estamos llamados a dar de esta alegría de manera extravagante, incluso hasta el punto de ser poco prácticos. Se nos anima a no preocuparnos si los dones que damos dan el fruto perfecto. Simplemente ofrecemos lo que podemos y nos deleitamos en la nueva vida que crece, aunque sea incompleta o imperfecta.

María de Betania se arrodilló a los pies de Jesús, ungiéndolo con su extravagante regalo de aceite perfumado. No puedo imaginarme que la fragancia no se quedara en sus manos también. Tampoco puedo imaginarme que no llevara el olor del Pastor con ella a todas partes a donde fuera por el resto de su vida, llena de la alegría del Evangelio.

Meditación: ¿A qué aspecto de tu unción bautismal te sientes más fuertemente llamado, sacerdote, profeta o rey? ¿Qué aspectos estás descuidando o no estás dispuesto a ejercitar?

Oración: Que podamos abrazar nuestra unción bautismal como sacerdote, profeta y rey. Que nuestras vidas destilen gozo en el Evangelio, y que llevemos siempre con nosotros la fragancia de Cristo.

Ser Todo Llama

Lecturas: Is 49, 1-6; Jn 13, 21-33. 36-38

Escritura:
"[T]e voy a convertir en luz de las naciones,
para que mi salvación llegue hasta los últimos rincones de
la tierra". (Is 49, 6b)

Reflexión: Una de mis historias favoritas de la colección de
sabiduría de los Padres y Madres del Desierto de hace quince
años es la del Abba Lot y el Abba José de Panefisis. Un día
el Abba Lot vino al Abba José en busca de consejo. "Ayuno,
rezo, vivo en paz", dijo. "¿Qué más puedo hacer?". Abba
José levantó sus manos al cielo. Las llamas danzaban en la
palma de su mano, y se volvió hacia Abba Lot y le dijo: "Si
quieres, puedes convertirte en una llama".

Hemos ayunado, orado y dado limosna en esta Cuaresma.
¿Qué más se espera de nosotros? Escuchamos en Isaías que
debemos ser una luz para las naciones, una luz visible hasta
los confines de la tierra. Todos podemos ser llamas, si queremos, dice Abba José. ¿Pero cómo? San Agustín señaló en
los salmos que nuestra luz no viene de nosotros mismos; es
el Señor quien enciende nuestras lámparas. Levanta tus
manos al cielo y ora para estar encendido, para ser todo
llama.

Orar para ser luz es arriesgado. No estamos pidiendo una luz para ver, para que algo nos sostenga para que podamos iluminar nuestras fallas o para que encontremos el camino seguro, por muy peligrosas que sean esas oraciones. Estamos pidiendo *ser* luz que otros puedan ver, ser encendidos por el Señor, y lo que se enciende es completamente transformado. Cristo me desafía a dejar de lado mis propios deseos y dejar que encienda mi lámpara, rehaciéndome en formas que no puedo imaginar. Si quisiera, podría convertirme en una llama. Pero ¿lo deseo?

Meditación: ¿Dónde están las grietas en tu corazón de piedra a través de las cuales la luz está ansiosa por derramarse? ¿Cómo te imaginas que sería ser "todo llama" por el Evangelio? ¿Qué cambiaría en tu vida? ¿Qué cambiaría en lo más profundo de tu ser?

Oración: Hemos ayunado, orado y dado generosamente a los necesitados, oh Señor. Ahora pedimos ser encendidos, para que podamos ser transformados, para que podamos llegar a ser luz de Luz.

Una Gracia Terrible

Lecturas: Is 50, 4-9a; Mt 26, 14-25

Escritura:
"¿Acaso soy yo, Señor?" (Mt 26, 22b)

Reflexión: Mientras corro a través de esta semana agitada, haciendo malabarismos con un trabajo que no tiene en cuenta el tiempo litúrgico y con la preparación de liturgias que claman por todo lo que tengo y aún más, a veces encuentro difícil reprimir mi lista de cosas lo suficiente para pasar un tiempo de oración con estas últimas lecturas de Cuaresma. Lucho por hacer lo que los discípulos hicieron y me reclino en la mesa con Jesús, sin prisa, permitiéndome una última porción de gracia cuaresmal.

Además, emergiendo de las disciplinas de la Cuaresma, al borde del Triduo, estoy francamente tentada a un poco de la satisfacción de Isaías: No me he rebelado, no he vuelto atrás. Mi bien entrenada lengua sabe qué decirle a mi Dios. Pero orar con la historia evangélica de la traición de Judas me hace enfrentarme a verdades incómodas. *¿Acaso soy yo, Señor?*

Necesito poder escuchar estas lecturas, no sólo como alguien que ha pecado y ha sido perdonado, sino como alguien que volverá a pecar. No como alguien que una vez traicionó a Jesús, sino como alguien que lo traicionará de nuevo. No como alguien que se ha arrepentido, sino como alguien que necesitará arrepentirse de pecados y traiciones, grandes y pequeñas, una y otra vez. Escuchar como alguien que ha sido redimida. Puede que la Cuaresma haya terminado, pero mi viaje como pecadora redimida no ha terminado. *Seguramente no soy yo, Señor.* No hoy, quizás, ni siquiera mañana, pero seguramente llegará el momento en que me rebelaré, volveré a dar la espalda a Dios.

Por todo esto, escucho en estas lecturas que Dios no me rechazará, no despreciará a aquellos que él dice que son suyos. No hay vuelta atrás en esa terrible gracia. Gracias, oh Dios.

Meditación: Salimos de la Cuaresma como entramos en ella, pecadores redimidos, amados de Dios. ¿Dónde te sientes tentado a la autocomplacencia, o a su contrario? ¿Dónde eres tan duro contigo mismo? ¿Dónde deseas que Dios te sostenga en los días que vendrán, en la Pascua y más allá? ¿Qué ha hecho Dios en tu vida esta Cuaresma, y qué desea manifestarte en el crisol del Triduo?

Oración: Dios, ayúdanos a dejar de lado las exigencias de nuestras vidas y a recostarnos en la mesa de tu Palabra y de tu Cuerpo a través de estos días santos. Que nuestros corazones no sean complacientes, y que nuestros oídos estén abiertos para escuchar verdades incómodas.

9 de abril: Jueves Santo

No es una Metáfora, sino la Realidad

Lecturas: Ex 12, 1-8. 11-14; 1 Cor 11, 23-26; Jn 13, 1-15

Escritura:
"Les he dado ejemplo, para que lo que yo he hecho con ustedes, también ustedes lo hagan". (Jn 13, 15b)

Reflexión: El nacimiento de mi segundo hijo fue rápido y tumultuoso. Cuando todo terminó, su corazón volvió a latir con fuerza y se encargaron de todas las tareas médicas necesarias para ambos; el obstetra que lo había atendido llenó una palangana con agua tibia y me trajo una toalla limpia con la que lavarme la cara. Fue inesperado, y como Pedro cuando Jesús se arrodilló a sus pies, me quedé sorprendida. *Estoy bien. No necesito que se haga esto*, pensé. Excepto que sí lo necesitaba.

Siempre me siento tentado el Jueves Santo a dejar que mi atención sea captada por el mandato de San Pablo a los Corintios de partir el pan y beber el cáliz que es el Cuerpo y la Sangre de Cristo en memoria de su muerte y resurrección, para enfocarnos en el increíble don de la Eucaristía que realizamos diariamente en los altares de todo el mundo. Este lavado de pies una vez al año, las toallas apiladas en el altar y el coro cantando meditadamente, pueden parecer sólo algo más, un adorno para el Triduo. Es bonito, pero no es necesario. Excepto que lo es.

Porque éste es el único momento del año litúrgico en el que las dos dimensiones de la Eucaristía se estrellan. La Eucaristía no es sólo la cumbre de nuestras vidas como cristianos; también es la fuente. Aquí, con el agua literalmente derramada en los escalones del altar donde pronto nos encontraremos literalmente con Cristo, nos mostramos unos a otros lo que somos, lo que significa ser Cristo. Los pies doloridos en los que he estado parada para enseñar, luego para ensayar y ahora para celebrar se calmarán en el agua tibia. Lo que comeré y beberé alimentará en verdad a un cuerpo que se ha perdido el almuerzo y la cena, tanto como alimentará mi alma. No son metáforas lo que estamos jugando aquí, sino realidades duras, tanto el agua como el pan y el vino. Nos lavamos unos a otros, nos alimentamos unos a otros. Hacemos estas cosas, y así recordamos. Recordamos, y así hacemos.

Meditación: ¿Cuántas veces te encuentras respondiendo a un ofrecimiento de ayuda con un rápido "gracias, pero no necesito ayuda"? A menudo estamos dispuestos a ayudar, pero somos reacios a aceptar la atención a cambio. ¿Qué te impide aceptar el tierno cuidado y la ayuda de Dios?

Oración: Nos has ordenado que nos ocupemos de las necesidades diarias de los demás. Concédenos la fuerza para inclinarnos ante nuestros hermanos y hermanas y lavarles los pies, y la humildad para que nuestros pies sean lavados a cambio.

10 de abril: Viernes de la Pasión del Señor (Viernes Santo)

In Manus Tuas

Lecturas: Is 52, 13–53, 12; Heb 4, 14-16; 5, 7-9; Jn 18, 1–19, 42

Escritura:
En tus manos encomiendo mi espíritu: y tú, mi Dios leal, me librarás. (Sal 31, 6)

Reflexión: La universidad donde trabajo alberga una gran colección de libros de oración devocionales de la Edad Media tardía, que uno de los cursos que enseño utiliza ocasionalmente. Mi favorito es el *Libro de las Horas de Marquand* del siglo XV, no por la incuestionable belleza de sus ilustraciones, sino por una sola página manchada. La tinta y el colorido de la parte inferior izquierda de la primera página de Completas se han desgastado y la esquina está manchada con el uso. Es precisamente esta página la que muestra tal desgaste, frotada con los pulgares de su dueño que la abría cada noche para rezar antes de acostarse: *In manus tuas commendabo spiritum meum.* En tus manos encomiendo mi espíritu.

Anoche, comenzando en una iglesia oscura despojada hasta los huesos, el incienso de la Misa de la Cena del Señor todavía acechando en los rincones, mi comunidad oró con estas viejas palabras para encomendarnos a Dios. *En tus manos encomiendo mi espíritu.* Me consuela escuchar estas palabras rezadas por mi comunidad, animada por los susurros que oigo entre las tapas de esos devocionales del siglo XV, y me anima cuando las encuentro en los salmos que cantaremos en las liturgias de hoy. Lo que no puedo orar siempre por mí misma, puedo orar por otros y saber que otros harán lo mismo por mí, a través del tiempo y el espacio.

Me maravilla que estas palabras del Salmo 31 estuvieran en los labios de Jesús en la cruz, que un hombre o mujer desconocido se aferrara a ellas cada noche en la Roma del siglo XV, y que sean las mismas palabras que todavía rezamos en Completas de la iglesia moderna. Todos nosotros orando al borde de las tinieblas, abandonando nuestra propia vigilia, confiando en que Dios velará en nuestro lugar, nuestras vidas en las manos de nuestro siempre fiel Dios, ya sea que las hayamos puesto allí o no.

Meditación: ¿Qué puede impedir que entregues tu vida a Dios? Sólo por la noche, o por el curso completo de tus días. Si aún no has rezado la Liturgia de las Horas, considera rezar sólo Completas antes de irte a dormir esta noche.

Oración: En tus manos, Señor, encomendamos nuestras vidas, nuestros espíritus y nuestras almas. Guárdanos cuando la oscuridad invada, y mantennos a salvo bajo tus alas cuando ya no podamos seguir velando por nosotros mismos.

La gloria ordinaria

Lecturas: Gen 1, 1–2, 2 o 1, 1. 26-31a; Gen 22, 1-18 o 22, 1-2. 9a. 10-13. 15-18; Ex 14, 15–15, 1; Is 54, 5-14; 55, 1-11; Bar 3, 9-15; 3, 32–4, 4; Ez 36, 16-17a. 18-28; Rom 6, 3-11; Mt 28, 1-10

Escritura:
Busquen al Señor, mientras lo puede encontrar;
invóquenlo, mientras está cerca. (Is 55, 6)

Reflexión: La mañana del Sábado Santo nos encuentra suspendidos entre la liturgia dolorosamente difícil de ayer de la pasión del Señor y el canto triunfal del Exsultet esta noche. Puede ser un sabor agradable del tiempo ordinario en medio de estos días cargados de emociones. Admitiré libremente con cierto alivio que por unas horas me enfrento a la lavandería de la semana y a los platos del desayuno, y no a Cristo en la cruz, o incluso al Cristo resucitado en la gloria.

El teólogo Karl Rahner, SJ, sugirió que el Sábado Santo hace sagrado y obvio el lugar y el tiempo donde vivimos todo el tiempo, suspendido entre la muerte que ha sido vencida y la vida eterna en gloria que se nos promete. El truco, dice, es no considerar lo ordinario con resignación, como una rutina que hay que superar. No estamos confinados ni golpeados por nuestra existencia mundana, sino animados en ella por la esperanza de la vida eterna.

Practicar el equilibrio en este borde sutil es un desafío. Estoy como todos los años, agotada por el rigor de la Cuaresma, estrujada por las liturgias de la Semana Santa. Oigo en el cántico de Isaías ofrecido hoy en la oración de la mañana que la misma tensión entre el cansancio resignado—*gimo como una paloma*—y la esperanza—*el viviente, el que vive, te da gracias* (Is 38, 14. 19).

Así que hoy es un día para escuchar el ritmo de nuestra vida ordinaria con los oídos atentos a las resonantes aleluyas de esta noche, con recuerdos de la celebración de la Pasión aún frescos. Cantar el "Oh, Sagrado Corazón rodeado" un momento y tararear un aleluya de Pascua con el siguiente aliento. Aferrarse con gratitud a la vida, incluso ante el cansancio y la debilidad. Saber dejarnos vaciar, para que, con nuestro último aliento, podamos ser llenos de gracia y del Espíritu Santo.

Meditación: ¿Dónde están las rutinas en tu vida que ponen a prueba tu paciencia? ¿Dónde podrías pedirle a Dios que fortalezca tu esperanza, que sea tu seguridad cuando estés abrumado?

Oración: Ilumina nuestros días ordinarios, oh Señor, con tu luz. Respira en nosotros, para que podamos encontrar esperanza cuando estemos estirados hasta el límite, y danos fuerza, para que te cantemos todos los días de nuestra vida.

12 de abril: Domingo de Pascua: La Resurrección del Señor

La Tierra ha sido Sacudida

Lecturas: Hch 10, 34a. 37-43; Col 3, 1-4 o 1 Cor 5, 6b-8; Jn 20, 1-9 o Mt 28, 1-10

Escritura:

De pronto se produjo un gran temblor, porque el ángel del Señor bajó del cielo y acercándose al sepulcro, hizo rodar la piedra que lo tapaba y se sentó encima de ella. (Mt 28, 2)

Reflexión: Sé que es Pascua desde el momento en que puse los pies en la iglesia. Lirios blancos llenan el altar, la multitud zumba de alegría. La cruz procesional de madera lisa es casi ensombrecida por los monaguillos, diáconos y sacerdotes, todos vestidos de blanco y oro. La lectora que sostiene en alto la Buena Nueva, cintas doradas que revolotean suavemente mientras ella camina. Hay palabras de bienvenida.

Pero, he aquí, dice el evangelio, ha habido un gran terremoto. ¿Por qué no veo todo perturbado? ¿Por qué los bancos no están dispersos como cerillas, el altar cubierto con el polvo de una cúpula abierta al cielo, un gran viento azotando los árboles? Y en lugar de niños vestidos con sus mejores galas, ¿por qué no hay personas que se mueven confusas y temerosas, sus ropas rotas y sus zapatos desparejos en su prisa por venir a ver lo que pasó aquí anoche? Hay un ángel sentado en las gradas del altar que nos tranquiliza: no tengan miedo. Invitándonos: vengan a ver. Empujándonos: vayan y cuenten lo que han visto.

En "Una expedición al Polo", Annie Dillard se pregunta por qué estamos tan contentos con nuestra fe. Es una locura, dice ella, venir vestidos tan elegantes; debemos ponernos más bien cascos protectores antes de orar al Dios todopoderoso y siempre vivo. ¿Estoy dispuesta a meditar sobre el poder revelado en aquella primera Pascua cuando Dios traspasó la tierra y rasgó la cortina entre la vida y la muerte? ¿Puedo dejar que las ondas de choque de ese suceso que rompió la tierra me tiren al suelo, como lo hicieron a los centuriones? Me temo que las vestiduras resplandecientes, las trompetas ondulantes y los lirios serán suficientes para la Pascua, y dejaré fuera la vista de un mundo volcado por el choque de la resurrección, aun temblando de miedo, temor y alegría.

Así que oro para ser saludada este año por un ángel en los escalones de la iglesia, diciéndome que no tema que el suelo tiemble bajo mis pies, invitándome a entrar y ver al Señor. Y al final, empujándome de vuelta fuera de la puerta, para que, como las dos Marías, pueda encontrar a Jesús, resucitado de entre los muertos. Oro para ver más allá del brillo de la Pascua, más bien, permítanme rogar que me convierta en llamas.

Meditación: Ora el Salmo 97, con las imágenes de una tierra temblando y la también regocijándose de que el Señor es rey. ¿Qué deseas ver en esta Pascua?

Oración: Creo en un solo Señor Jesucristo,
el unigénito de Dios,
nacido del Padre antes de todos los tiempos.
Dios de Dios, luz de luz.

Referencias

Introducción
Alden T. Solovy, "Sowing Light" [Sembrando luz], en *This Grateful Heart: Psalms and Prayers for a New Day* [*Este corazón Agradecido: Salmos y oraciones para un nuevo día*] (Nueva York: CCAR Press, 2017).

26 de febrero: Miércoles de Ceniza
Ignacio de Loyola, Carta a Ascanio Colonna (Roma, 25 de abril de 1543), https://issuu.com/grupocomunicacionloyola/docs/primer_cap__tulo._cartas_esenciales

28 de febrero: Viernes después del Miércoles de Ceniza
Leonard Cohen, "Anthem", de *The Essential Leonard Cohen* (Legacy, 2002).

1 de marzo: Primer Domingo de Cuaresma
Vida D. Scudder, *Saint Catherine of Siena as Seen in Her Letters* [*Santa Catalina de Siena vista en sus cartas*] (Nueva York: J. M. Dent & Company, 1905), 305.

2 de marzo: Lunes de la Primera Semana de Cuaresma
C. S. Lewis, "The Weight of Glory" [El peso de la gloria] en *The Weight of Glory* (Nueva York: Harper Collins, 2001) 47.

8 de marzo: Segundo Domingo de Cuaresma
Juliana de Norwich, *Julian of Norwich: Showings*, traducción de Edmund Colledge y James Walsh (Nueva York: Paulist Press, 1977), 183.

9 de marzo: Lunes de la Segunda Semana de Cuaresma
Benedicta Ward, *The Sayings of the Desert Fathers: The Alphabetical
    Collection* [*Dichos de los padres del desierto: Colección alfabética*]
    (Kalamazoo, MI: Cistercian, 2004), 40.

11 de marzo: Miércoles de la Segunda Semana de Cuaresma
Bernard Bangley, *Butler's Lives of the Saints: Concise, Modernized
    Edition* [*Vida de los santos de Butler: Edición concisa y moderna*]
    (Brewster, MA: Paraclete Press, 2005), 16.

13 de marzo: Viernes de la Segunda Semana de Cuaresma
Karl Rahner, SJ, "God of My Daily Routine" [Dios en mi rutina
    diaria] en *Encounters in Silence* [*Encuentros en silencio*](South
    Bend, IN: St. Augustine's Press, 1999).

15 de marzo: Tercer Domingo de Cuaresma
San Agustín de Hipona, *Tratados sobre el Evangelio de Juan*, 15.31,
    https://www.augustinus.it/spagnolo/commento_vsg
    /omelia_015_testo.htm

16 de marzo: Lunes de la Tercera Semana de Cuaresma
Malcolm Muggeridge, *Christ and the Media* [*Cristo y los medios de
    comunicación*] (Vancouver: Regent College Publishing, 2003).

17 de marzo: Martes de la Tercera Semana de Cuaresma
Denise Levertov, "To Live in the Mercy of God" [Vivir en la
    misericordia de Dios], en *The Stream & the Sapphire: Selected
    Poems on Religious Themes* [*La corriente y el zafiro: Poemas se-
    lectos sobre temas religiosos*] (Nueva York: New Directions,
    1997).

18 de marzo: Miércoles de la Tercera Semana de Cuaresma

Agustín de Hipona, Sermón sobre 1 Juan 4:4-12, https://www .augustinus.it/spagnolo/commento_lsg/omelia_07_testo .htm

T. S. Eliot, "The Dry Salvages" [Los salvajes secos] in *Collected Poems 1909–1962 [Colección de poemas 1909–1962]* (Londres: Faber & Faber, 1990).

22 de marzo: Cuarto Domingo de Cuaresma

Dietrich Bonhoeffer, "Costly Grace" [El costo de la gracia] in *The Cost of Discipleship [El costo del discípulado]* (Nueva York: Touchstone, 1995).

25 de marzo: La Anunciación del Señor

Johann Baptist Metz, *Poverty of Spirit [Pobreza de espíritu]* Nueva York: Paulist Press, 1998).

27 de marzo: Viernes de la Cuarta Semana de Cuaresma

Louis J. Puhl, SJ, *The Spiritual Exercises of St. Ignatius of Loyola [Los Ejercicios Espirituales de San Ignacio de Loyola]* (Chicago: Loyola University Press, 1986).

28 de marzo: Sábado de la Cuarta Semana de Cuaresma

San Juan Crisóstomo, *Comentario a los Salmos, Vol. 1,* editado por Robert C. Hill (Brookline, MA: Holy Cross Orthodox Press, 2007), 117.

29 de marzo: Quinto Domingo de Cuaresma

John Updike, "Seven Stanzas at Easter" [Siete estrofas en la Pascua] in *Collected Poems 1953–1993 [Colección de poemas 1953–1993]* (Nueva York: Knopf, 1993), 20–21.

30 de marzo: Lunes de lu Quinta Semana de Cuaresma
Graham Greene, *Brighton Rock* (Londres: Penguin Classics, 1991),
245–46.

4 de abril: Sábado de la Quinta Semana de Cuaresma
Marie Howe, "The Star Market" [El *Star Market*], en *The Kingdom
of Ordinary Time [El reino del tiempo ordinario]* (Nueva York:
Norton, 2008), 15.

6 de abril: Lunes Santo
Papa Francisco, *Evangelii Gaudium*, La alegría del Evangelio
(Ciudad del Vaticano: Libreria Editrice Vaticana, 2013) 24.

7 de abril: Martes Santo
Benedicta Ward, *The Sayings of the Desert Fathers: The Alphabetical
Collection [Dichos de los padres del desierto: Colección alfabética]*
(Kalamazoo, MI: Cistercian, 2004), 103.
San Agustín de Hipona, in *Psalms 1–50: Ancient Christian Com-
mentary [Salmos 1-50: Antiguo comentario cristiano]*, editado
por Craig A. Blaising y Carmen S. Hardin (Downers Grove,
IL: Intervarsity Press Academic, 2008), 140.

10 de abril: Viernes de la Pasión del Señor (Viernes Santo)
Intimate Devotion [Devoción Íntima], http://www.brynmawr
.edu/library/exhibits/hours/.
Liturgia de las Horas, edición en línea, http://liturgiadelashoras
.com.ar/sync/

11 de abril: Sábado Santo y Vigilia Pascual
Karl Rahner, SJ, *The Great Church: The Best of Karl Rahner's
Homilies, Sermons, and Meditations [La gran Iglesia: Lo mejor de*

las *Homilías, Sermones y Meditaciones de Karl Rahner]* (Nueva York: Crossroad, 1994), 168–69.

12 de abril: Domingo de Pascua: La Resurrección del Señor
Annie Dillard, "Una expedición al Polo", en *Teaching a Stone to Talk: Expeditions and Encounters [Enseñando a hablar a una piedra: Expediciones y encuentros]* (Nueva York: Harper, 2013).

REFLEXIONES ESTACIONALES AHORA DISPONIBLES EN INGLÉS Y ESPAÑOL

EASTER/PASCUA

Rejoice and Be Glad: Daily Reflections for Easter 2020
Mary DeTurris Poust

Alégrense y regocijense: Reflexiones diarias para Pascua 2020
Mary DeTurris Poust; Translated by Luis Baudry-Simón

ADVENT/ADVIENTO

**Waiting in Joyful Hope:
Daily Reflections for Advent and Christmas 2020–2021**
Michelle Francl-Donnay

**Esperando con alegre esperanza:
Reflexiones diarias para Adviento y Navidad 2020–2021**
Michelle Francl-Donnay

Standard, large-print, and eBook editions available. Call 800-858-5450 or visit www.litpress.org for more information and special bulk pricing discounts.

Ediciones estándar, de letra grande y de libro electrónico disponibles. Llame al 800-858-5450 o visite www.litpress.org para obtener más información y descuentos especiales de precios al por mayor.